예수님은 왕이시다

Jesus Is King

JAKE & KEITH PROVANCE

제이크 프로방스 & 키이스 프로방스 지음

한길환 옮김

엘맨

하나님의 사람을 만들어 가는

예수님은 왕이시다
Jesus Is King

초판1쇄 2020년 7월 15일

지은이 : 제이크 프로방스 & 키이스 프로방스
옮긴이 : 한길환
펴낸이 : 이규종
펴낸곳 : 엘맨출판사
등록번호 : 제13-1562호(1985.10.29.)
등록된곳 : 서울시 마포구 토정로222
            한국출판콘텐츠센터 422-3
전화 : (02) 323-4060,6401-7004
팩스 : (02) 323-6416
이메일 : elman1985@hanmail.net
www.elman.kr
ISBN : 978-89-5515-683-6 03230

값 11,500 원

예수님은 왕이시다

Jesus Is King

JAKE & KEITH PROVANCE

제이크 프로방스 & 키이스 프로방스 지음

한길환 옮김

엘맨
하나님의 사람을 만들어 가는

목차

Contents

옮긴이의 글

작금 우리는 영적인 혼란과 혼돈 시대에 살고 있다. 종교 다원주의와 혼합주의에 편승해서 비성경적인 신학 사조와 이단과 사설이 난무하고 있다. 예수님의 유일성을 주장하면 편협한 사람으로 매도를 당하기도 한다.

그동안 이단들과 사이비들이 자신들의 정체를 숨기고 비공개적으로 활동했지만, 요즘은 길거리에서 공개적으로 활동하고 있다. 우리의 신앙의 선진들이 핍박과 순교를 통해서 전수해 준 개혁주의 신앙이 절체절명의 위기를 맞고 있다.

우리에게 예수님은 어떤 분이신가? 우리는 날마다 매 순간 우리 자신에게 자문해보아야 한다. 저자는 예수님의 정체성과 그분이 행하신 일과 그 일의 결과가 우리의 영적인 영역과 육적인 영역에 미치는 영향을 일목요연하게 설명하고 있다.

이 책이 기독교 신앙에 대해서 알기를 원하는 사람들과 주님에 대한 첫사랑을 잃어버리고 영적인 침체에 빠져서 뼈를 깎는 고통을 받고 있는 그리스도인들에게는 영적 회복이 되는 도구가 되고, 또한 미지근한 신앙으로 구원의 확신이 없는 분들에게는 바울 사도와 같이 다

마스커스 도상에서 예수님을 만나는 경험의 역할을 하는 도구가 되기
를 간절히 기원한다.

　　　　　- 충남 홍성 생명의 강가 작은 서재에서 한길환 목사

Translator's writing

Now we live in an age of spiritual chaos and chaos. Adopting religious pluralism and hybridism, non—Christian theology, heresy and editorials are rampant. If you insist on the uniqueness of Jesus, you may be sold as a narrow—minded person. In the meantime, heresy and cults have been working privately, hiding their identities, but these days, they are openly active on the streets. The reformist faith that our reformed faiths have passed down through persecution and martyrdom is facing an absolute crisis. What is Jesus like to us? We should ask ourselves every minute of the day. The author clearly explains Jesus' identity and the impact of what he did and the consequences of what he did on our spiritual and physical domains. I sincerely hope that this book will serve as a spiritual recovery tool for those who want to know about Christian faith and for Christians who have lost their first love for the Lord and are suffering from a spiritual downturn, and also for those who are unsure of salvation

with lukewarm faith, as Paul Apostle, as a tool for the expe-
rience of meeting Jesus in Damascus.

In a small study on the riverside of life in Hongseong,
Chungcheongnam-do

Pastor Gil-Hwan Han

"네 말과 같이 내가 왕이니라 내가 이를 위하여 태어났으며 이를 위하여 세상에 왔느니라"(요 18:37).

– 예수

"You say correctly that I am a King. This is why I was born, and for this I have come into the world."

– JESUS

예수님은 왕이시다

　예수님은 왕 중의 왕이시며 주(主) 중의 주이시다. 그분은 하나님의 오른편에 앉으셔서 높은 곳에서 위풍당당하게 다스리시는 하나님의 아들이시다. 그분은 당신과 나를 위해 죽으시고, 사탄을 물리치시고, 인간을 하나님과 화해시키신 분이시다. 또 우리를 죄와 소름끼치는 운명, 가련한 존재로부터 해방시켜주신 살아계신 구세주이시다. 예수님은 이렇게 말씀하셨다.

　"주께서 이르시되 내가 살았노니 모든 무릎이 내게 꿇을 것이요 모든 혀가 하나님께 자백하리라 이러므로 우리 각 사람이 자기 일을 하나님께 직고하리라."

-롬 14:11~12

　예수님은 왕이시다. 모든 사람들이 이 사실을 깨닫게 될 것이다. 비록 지금이 아니더라도, 그때는 결국, 우리는 그분을 왕으로 선언함으로써 이 세상 삶에 대한 우리의 믿음을 나타내는 멋진 기회가 있다! 그런데 많은 사람들이 자신의 삶에 대한 주권자 지위를 포기하고 싶지 않기 때문에, 왕으로서 예수님과 최종의 권위로서 성경에 복종해야 한다는 생각을 회피한다. 그들은 예수님이 왜 그들의 왕이 되기를 원하시는지 이해하지 못하기 때문이다.

그분은 우리를 보호하기를 원하신다. 그분은 우리를 밝은 미래로 이끌기를 원하신다. 궁극적으로 그분은 우리와 함께 그분의 나라에서 영원히 살기를 원하신다! 성경이 우리에게 무엇을 해야 하는지를 말씀할 때, 그것은 우리가 자기희생으로 경건함이나 헌신을 증명하는 것과는 아무 상관이 없다. 그것은 예수님이 우리가 가능한 한 가장 만족스럽고 성취감을 주는 삶을 살기 위해 필요한 것을 알고 계시기 때문이다. 그분은 당신을 위해 그것을 원하신다!

당신은 예수님이 당신의 마음에 가장 큰 관심이 있으시다는 것을 믿는가? 그렇다면 그분을 당신의 왕으로 선언하고 그분의 말씀에 따라 당신의 삶을 살기를 선택하라. 당신의 삶에는 오직 하나의 왕이 있을 뿐이다. 당신이 원하는 대로 계속 살거나, 당신 스스로 옳고 그름을 결정하고, 당신이 할 일에 대한 통제력을 유지할 수도 있고, 그렇지 않으면 예수님이 당신의 마음에 가장 관심을 가지고 있으시다고 믿을 수도 있을 것이다. 그분을 당신의 왕으로 선언하고, 그분이 정하신 실례를 따르고, 성경을 진리와 당신의 인생의 최종 권위로 받아들이라. 예수님이 왕이 되시면, 당신은 말할 수 없는 기쁨, 모든 이해를 초월하는 평화, 당신의 머리를 높이 들고 그분의 힘으로 불어 넣어진 자신 있는 삶을 걸어갈 수 있는 동반자 관계를 경험하게 될 것이다. 예수님은 왕이시고, 왕은 당신의 뒤를 봐 주신다!

예수님이 왕이 되시면, 당신은 말로 표현할 수 없는 기쁨, 모든 이해를 초월하는 평화, 자신감 있게 삶을 살아갈 수 있는 동반자, 그리고 당신의 머리를 높이 들고 그분의 힘으로 불어 넣어진 기쁨을 경험할 것이다. 예수님은 왕이시고, 예수님은 당신의 뒤를 돌봐 주신다!

Jesus Is King

Jesus is the King of kings and the Lord of lords. He is the
Son of God, who sits at the right hand of God and reigns in
majesty on high. The living Savior who died for you and me.
Who defeated Satan, and reconciled man back to God. Who
set us free from sin, a gruesome destiny, and a pitiful exis-
tence. Jesus Himself said:

"As I live, says the Lord, every knee shall bow to Me, and
every tongue shall confess to God [acknowledge Him to His
honor and to His praise]. And so each of us shall give an ac-
count of himself [give an answer in reference to judgment]
to God."

— ROMANS 14:11~12 (AMPC)

Jesus is King, and all will come to realize this fact—if not
now, then eventually, but we have a wonderful opportuni-

ty to express our faith in this life by declaring Him King! So many people shirk away from the idea that they should submit to Jesus as King and the Bible as the final authority, because they don't want to give up their position as ruler over their own life. If they only understood why Jesus wants to be their King.

He wants to protect us. He wants to lead us toward a bright future. Ultimately, He wants to spend eternity with us in His kingdom! When the Bible tells us what to do, it has nothing to do with us proving our piety or devotion by self-sacrifice, it's because Jesus knows what we need to live the most satisfying and fulfilling life possible, and He desires it for you!

Do you trust that Jesus has your best interest at heart? Then declare Him as your King and choose to live your life according to His Word. There can only be one King of your life, either you will continue to live the way you desire, determine right and wrong for yourself, and maintain control over what you will do, or you will believe that Jesus has your best interest at heart. Declare Him as your King, follow the example He set, and accept the Bible as truth and the final authority in your life. Once Jesus becomes your King, you will experience joy unspeak— able, a peace that passes all understanding, a partnership that will cause you to walk through life confidently, with your head held high, infused by His strength. Jesus is King, and the King has your back!

+ 성경

"빌라도가 이르되 그러면 네가 왕이 아니냐 예수께서 대답하시되 네 말과 같이 내가 왕이니라 내가 이를 위하여 태어났으며 이를 위하여 세상에 왔나니 곧 진리에 대하여 증언하려 함이로라 무릇 진리에 속한 자는 내 음성을 듣느니라."

- 요 18:37

"만물을 살게 하신 하나님 앞과 본디오 빌라도를 향하여 선한 증언을 하신 그리스도 예수 앞에서 내가 너를 명하노니 우리 주 예수 그리스도께서 나타나실 때까지 흠도 없고 책망 받을 것도 없이 이 명령을 지키라 기약이 이르면 하나님이 그의 나타나심을 보이시리니 하나님은 복되시고 유일하신 주권자이시며 만왕의 왕이시며 만주의 주시요 오직 그에게만 죽지 아니함이 있고 가까이 가지 못할 빛에 거하시고 어떤 사람도 보지 못하였고 또 볼 수 없는 이시니 그에게 존귀와 영원한 권능을 돌릴지어다."

-딤전 6:13~16

"그들이 어린 양과 더불어 싸우려니와 어린 양은 만주의 주시요 만왕의 왕이시므로 그들을 이기실 터이요 또 그와 함께 있는 자들 곧 부르심을 받고 택하심을 받은 진실한 자들도 이기리로다."

-계 17:14

"그 후에는 마지막이니 그가 모든 통치와 모든 권세와 능력을 멸하시고 나라를 아버지 하나님께 바칠 때라 그가 모든 원수를 그 발 아래에 둘 때까지 반드시 왕 노릇 하시리니 맨 나중에 멸망 받을 원수는 사망이니라."

-고전 15:24~26

+ Scriptures

So Pilate said to Him, "Then You are a King?" Jesus answered, "You say [correctly] that I am a King. This is why I was born, and for this I have come into the world, to testify to the truth. Everyone who is of the truth [who is a friend of the truth and belongs to the truth] hears and listens carefully to My voice."

– JOHN 18:37 (AMP)

I'm charging you before the life-giving God and before Christ, who took his stand before Pontius Pilate and didn't give an inch: Keep this command to the letter, and don't slack off. Our Master, Jesus Christ, is on his way. He'll show up right on time, his arrival guaranteed by the Blessed and Undisputed Ruler, High King, High God. He's the only one death can't touch, his light so bright no one can get close.

He's never been seen by human eyes—human eyes can't take him in! Honor to him, and eternal rule! Oh, yes.

— 1 TIMOTHY 6:13~16 (MSG)

They will go to war against the Lamb but the Lamb will defeat them, proof that he is Lord over all lords, King over all kings, and those with him will be the called, chosen, and faithful."

— REVELATION 17:14 (MSG)

Then the final stage of completion comes, when he will bring to an end every other ruler— ship, authority, and pow—er, and he will hand over his kingdom to Father God. Until then he is destined to reign as King until all hostility has been subdued and placed under his feet. And the last enemy to be subdued and elimi— nated is death itself.

— 1 CORINTHIANS 15:24~26 (TPT)

"하나님! 나의 하나님, 전지전능하신 왕이시여, 나는 겸손하게 당신을 공경하나이다. 당신은 왕 중의 왕이시며 주(主) 중의 주이시나이다. 당신은 모든 시대의 심판관이시나이다. 당신은 영혼의 구속 주이시나이다. 당신은 믿는 자들의 해방자이시나이다. 당신은 수고하는 자들의 소망이시나이다. 당신은 슬픈 자들의 위로자이시나이다. 당신은 방황하는 자들의 길이시나이다. 당신은 열방의 군주(君主)이시나이다. 당신은 모든 피조물의 창조자이시나이다. 당신은 모든 선(善)을 사랑하시나이다. 당신은 모든 미덕의 대가이시나이다. 당신은 모든 성도들의 기쁨이시나이다. 당신은 영원한 생명이시나이다. 당신은 진리 안에서 기쁨이시나이다. 당신은 영원한 나라의 환희이시나이다. 당신은 빛 중의 빛이시나이다. 당신은 거룩의 원천이시나이다. 당신은 높은 곳에 계신 하나님 아버지의 영광이시나이다. 당신은 세상의 구세주이시나이다. 당신은 성령이 충만하시나이다. 당신은 보좌 위에 계신 하나님 아버지 오른편에 앉으셔서 영원히 다스리고 계시나이다.

– 성, 패트릭(St. Patrick)

"God, my God, omnipotent King, I humbly adore thee. Thou art King of kings, Lord of lords. Thou art the Judge of every age. Thou art the Redeemer of souls. Thou art the Liberator of those who believe. Thou art the Hope of those who toil. Thou art the Comforter of those in sorrow. Thou art the Way to those who wander. Thou art Master to the nations. Thou art the Creator of all creatures. Thou art the Lover of all good. Thou art the Prince of all virtues. Thou art the joy of all Thy saints. Thou art life perpetual. Thou art joy in truth. Thou art the exultation in the eternal fatherland. Thou art the Light of light. Thou art the Fountain of holiness. Thou art the glory of God the Father in the height.

Thou art Savior of the world. Thou art the plenitude of the Holy Spirit. Thou sittest at the right hand of God the Father on the throne, reigning for ever.

– ST. PATRICK

"곧 살아 있는 자라 내가 전에 죽었었노라 볼지어다 이제 세세토록 살아 있느니라"(계 1:18).

– 예수

"I am he that lives, and was dead; and, behold, I am alive for evermore."

– JESUS

예수님은 부활하셨다

예수 그리스도의 부활은 기독교를 정의하고 다른 모든 종교와 구별하는 신앙의 초석이다. 그 들의 창시자가 죽은 자 가운데서 살아났다고 주장할 수 있는 어떤 종교가 있는가? 없다. 하나님의 헤아릴 수 없는 능력과 우리를 향하신 불가분의 사랑은 그리스도를 무덤에서, 영적인 결핍과 지옥에서 부활시키셔서 세상 사람들이 볼 수 있도록 드러내셨다. 그분의 부활은 그분은 진실로 하나님의 아들이셨다는 결정적인 확인이었다. 하나님은 죽음의 손아귀에서 예수님을 떼어내셨고, 예수님이 죽음에서 부활하셨을 때 그분은 죽음의 권세를 깨뜨리셨다. 나중에 예수님이 제자들 중 한 사람에게 나타나셨을 때 "나는 살아 있고 보라 나는 영원히 살아 있고 죽음과 지옥의 열쇠를 쥐고 있다."고 선언하셨다.

예수님은 우리의 죄를 위해 십자가에서 죽으시는 것만으로는 충분하지 않으셨다. 그분은 부활을 통해 다 이루었다! 그분의 부활은 영원히 하나님의 오른편에 앉아 계시는 왕 중의 왕과 주(主) 중의 주(主)로서의 그분의 지위를 확립하게 했다. 성경은 또한 우리에게 하나님께서 모든 성도들에게 똑같은 부활의 능력을 주셨다는 이 놀라운 사실을 말씀한다.

"예수를 죽은 자 가운데서 살리신 이의 영이 너희 안에 거하시면 그리스도 예수를 죽은 자 가운데서 살리신 이가 너희 안에 거하시는 그의 영으로 말미암아 너희 죽을 몸도 살리시리라"(롬 8:11).

무덤에서 그분을 살리신 그리스도 안에 있는 같은 능력이 당신 안에도 있다. 당신이 해야 할 일은 그 능력에 다가가는 것이다. 당신 안에 계시는 능력의 성령께 연결하라. 걱정, 사회적 문제, 경제적 재무상태, 가족의 실수, 부족한 교육, 감히 당신을 구속하려고 하는 어떤 상황에서도 그리고 의기소침에서 벗어날 수 있다는 자신감과 기대감으로 행동하라. 예수님이 부활하셨기 때문에, 우리도 부활할 수 있다! 그것이 그분의 부활의 진정한 능력이다. 생명을 변화시키는 능력은 그리스도의 승천이라는 결정적인 순간부터 영원까지 메아리쳤다. 그리고 그와 같은 능력은 우리가 우리의 믿음을 발산하고 그분의 말씀 안에 있는 진리에 따라 행동하는 순간 우리 안에서 울려 퍼진다. 그러므로 일어나라. 이는 예수님이 부활하셨기 때문이다.

Jesus Is Risen

The resurrection of Jesus Christ is the cornerstone be-lief that defines Christianity and separates it from all other religions. What other religion can claim their patriarch rose from the dead? None. God's immeasur- able power and fath-omless love for us was put on display for the world to see through raising up Christ from the grave, from spiri- tual destitution, and from Hell. His resurrec- tion was the final confirmation He was truly the Son of God. God ripped Jesus from the clutches of death, and when Jesus rose from the dead He broke the power of death. Later, when Jesus ap-peared to one of His disciples, He proclaimed, "I am the living one—and behold I am alive forevermore and I hold the keys to death and hell."

It was not enough for Jesus just to die on the cross for our sins. His resurrection sealed the deal! His resurrection established His position as King of kings and Lord of lords, sitting at the right hand of God for all eter- nity. The Bible also tells us this amazing fact: that God has made that same resurrection power available to all believers.

"The Spirit of God, who raised Jesus from the dead, lives in you. And just as God raised Christ Jesus from the dead, he will give life to your mortal bodies by this same Spirit living within you."

— ROMANS 8:11 (NLT)

The same power that was in Christ—that caused him to rise up out of the grave—lives in you. All you have to do is tap into it. Plug into that Spirit of power inside you. Walk with a confident expectation that you will rise out of your depression. That you will rise out of your anxiety. That you will rise out of your social and financial standing. That you will rise out of your poor education. That you will rise out of your family's mistakes. That you will rise out of any and every situation that dares to try to keep you bound. Because Jesus rose, we can rise! That is the true power of His resurrection. Life-altering power echoed out into all of eternity from the defining moment that was Christ's ascension. And that same power resonates within us the moment we release our faith and act upon the truth within His Word. So rise, for Jesus is risen!

+ 성경

"긍휼이 풍성하신 하나님이 우리를 사랑하신 그 큰 사랑을 인하여 허물로 죽은 우리를 그리스도와 함께 살리셨고 (너희는 은혜로 구원을 받은 것이라) 또 함께 일으키사 그리스도 예수 안에서 함께 하늘에 앉히시니 이는 그리스도 예수 안에서 우리에게 자비하심으로써 그 은혜의 지극히 풍성함을 오는 여러 세대에 나타내려 하심이라."

– 엡 2:4~7

"그러므로 너희가 그리스도와 함께 다시 살리심을 받았으면 위의 것을 찾으라 거기는 그리스도께서 하나님 우편에 앉아 계시느니라."

– 골 3:1

"성결의 영으로는 죽은 자들 가운데서 부활하사 능력으로 하나님의 아들로 선포되셨으니 곧 우리 주 예수 그리스도시니라."

– 롬 1:4

"예수를 죽은 자 가운데서 살리신 이의 영이 너희 안에 거하시면 그리스도 예수를 죽은 자 가운데서 살리신 이가 너희 안에 거하시는 그의 영으로 말미암아 너희 죽을 몸도 살리시리라."

- 롬 8:11

"일어나라 빛을 발하라 이는 네 빛이 이르렀고 여호와의 영광이 네 위에 임하였음이니라."

- 사 60:1

"그러므로 이르시기를 잠자는 자여 깨어서 죽은 자들 가운데서 일어나라 그리스도께서 너에게 비추이시리라 하셨느니라."

- 엡 5:14

+ Scriptures

But God, who is rich in mercy, for his great love where—
with he loved us, Even when we were dead in sins, hath
quickened us together with Christ, (by grace ye are saved;)
And hath raised us up together, and made us sit together in
heavenly places in Christ Jesus: That in the ages to come he
might shew the exceeding riches of his grace in his kindness
toward us through Christ Jesus.

— EPHESIANS 2:4~7

Christ's resurrection is your resurrection too. This is why
we are to yearn for all that is above, for that's where Christ
sits enthroned at the place of all power, honor, and author—
ity!

— COLOSSIANS 3:1 (TPT)

And as to His divine nature according to the Spirit of holiness was openly designated the Son of God in power in a striking, triumphant and miraculous manner by His resurrection from the dead, even Jesus Christ our Lord (the Messiah, the Anointed One).

– ROMANS 1:4 (AMPC)

Yes, God raised Jesus to life! And since God's Spirit of Resurrection lives in you, he will also raise your dying body to life by the same Spirit that breathes life into you!

– ROMANS 8:11 (TPT)

Arise from the depression and prostration in which circumstances have kept you—rise to a new life! Shine (be radiant with the glory of the Lord), for your light has come, and the glory of the Lord has risen upon you!

– ISAIAH 60:1 (AMPC)

For the light makes everything visible. This is why it is said, "Awake, O sleeper, rise up from the dead, and Christ will give you light."

– EPHESIANS 5:14 (NLT)

"오! 영원하시고 변치 않으신 하나님, 내 생각과 말과 일을 지도하소서. 어린 양의 깨끗한 피로 나의 죄를 씻어 주시고, 내 마음을 당신의 성령으로 깨끗하게 하소서. 당신을 경외함으로 살고, 당신의 은혜 안에서 죽음으로 내가 당신이 정하신 시간에 영생에 이르는 의로운 부활을 얻을 수 있도록 날마다, 나를 점점 더 당신의 아들 예수 그리스도와 같이 되게 하소서. 주여! 온 인류를 축복하소서. 세상이 당신과 당신의 아들 예수 그리스도의 지식으로 가득 차게 하소서.

– 조지 워싱턴(George Washington)

"Oh, eternal and everlasting God, direct my thoughts, words and work. Wash away my sins in the immaculate blood of the Lamb and purge my heart by Thy Holy Spirit. Daily, frame me more and more in the like- ness of Thy son, Jesus Christ, that living in Thy fear, and dying in Thy favor, I may in thy appointed time obtain the resur- rection of the justified unto eternal life. Bless, O Lord, the whole race of mankind and let the world be filled with the knowledge of Thee and Thy son, Jesus Christ.

– GEORGE WASHINGTON

"너희가 내 안에 거하고 내 말이 너희 안에 거하면 무엇이든지 원하는 대로 구하라 그리하면 이루리라"(요 15:7).

-예수

"If you abide in me, and my words abide in you, ask what—
ever you wish, and it will be done for you."

– JESUS

예수님은 우리를 변호하시는 분이시다

그분이 부활하신 후, 성경은 우리에게 예수님이 하늘로 다시 올라가셨으며 하나님의 우편에 앉으셨다고 말씀한다. 그분은 지금 살아계셔서 우리를 위해 중보하고 계신다. 예수님이 지금 당신을 위해 기도하고 계신다. 얼마나 멋진가! 그분은 당신을 변호하시는 분이 되셨다.

변호사는 "다른 사람을 대신하여 탄원하는 사람"이다. 당신을 변호하시는 분이 요한 1서 2장 1절에 나타나 있다. "나의 자녀들아 내가 이것을 너희에게 씀은 너희로 죄를 범하지 않게 하려 함이라 만일 누가 죄를 범하여도 아버지 앞에서 우리에게 대언자가 있으니 곧 의로우신 예수 그리스도시라." 예수님이 계시기 때문에 여러분의 기도가 완벽할 필요는 없다. 여러분이 말하는 것을 들으시면, 그분은 여러분의 역할을 맡아 여러분을 위해 하나님께 여러분의 입장을 변호하신다. 그것은 멋진 전환이다. 이는 예수님은 당신이 어떤 일을 겪고 있는지 정확히 알고 계시기 때문이다. 성경은 이렇게 말씀한다.

"우리에게 있는 대제사장은 우리의 연약함을 동정하지 못하실 이가 아니요 모든 일에 우리와 똑같이 시험을 받으신 이로되 죄는 없으시니라"(히 4:15). 이 말씀은 그분이 당신이 무엇을 느끼고 있는지 정확히 알고 계시고 당신을 돕고 싶어 하신다는 것을 의미한다. 다른 어느 누가 그들이 당신을 너무 너무 사랑해서 당신을 위해 죽었다고 주장할 수 있겠는가? 예수님이 행하신 많은 기적들 이전에 성경은 그분이 백성을 불쌍히 여기셨다고 말씀한다. 예수님은 당신을 사랑하시고 당신이 겪었던 고통을 느끼신다. 그것은 당신이 하나님께 성실하고 정직하게 어느 분야에서나 도움을 구한다면, 예수님이 당신의 사건을 맡으실 거라는 뜻이다. 당신은 성경에 나오는 모든 구절을 알고 완벽하게 사는 최고의 그리스도인이 될 필요는 없다. 사실, 예수님을 믿는 것 외에는 당신의 간구를 현실로 만들기 위해 단 한 가지도 할 필요가 없다. 예수님이 나머지를 보살펴 주신다. 걱정하지 말고, 두려워하지 말고, 예수님을 믿어라. 당신이 엄청나게 일을 망쳐 놓았더라도, 그분이 당신을 도우시도록 하라. 예수님의 사랑과 희생보다 더 큰 죄도, 더 나쁜 실수도 없다. 그러니, 여러분을 변호하시는 분과 대화하고, 그것이 크든 작든 간에, 무엇이든 여러분의 마음을 쏟아라. 그리고 그분에 대한 믿음을 단 1초라도 놓지 말라!

Jesus Is Our Advocate

After His resurrection, the Bible tells us that Jesus ascended back to heaven and He took His place at the right hand of God. He now lives to make intercession for us. Jesus is praying for you right now, how cool is that! He has become your Advocate.

An advocate is, "a person who pleads on someone else's behalf." Your Advocate is revealed in 1 John 2:1 (NLT), "My dear chil- dren, I am writing this to you so that you will not sin. But if anyone does sin, we have an advocate who pleads our case before the Father. He is Jesus Christ, the one who is truly righteous." Your prayers don't have to be perfect because Jesus is, and when He hears what you're saying, He takes your part and pleads your case to God for you. It's a sweet transition, because Jesus knows precisely what you are going through. The Bible even says, "For we do not have a High Priest who is unable to sympathize and understand our weaknesses and temptations, but One who has been tempted knowing exactly how it feels to be human in every respect as we are, yet without committing any sin." (Hebrews 4:15 AMP).

That means He knows exactly what you are feeling and wants to help you. Who else can claim that they love you so much that they died for you? Before many of the mira— cles Jesus performed, the Bible notes that He had compassion for the people. Jesus loves you and feels the pain you've been going through. Which means if you are sincere and honest towards God, and you are seeking help in any area, then Je— sus is going to take up your case. You don't have to be a su— per Christian, knowing every scripture in the Bible and living perfectly. In fact, you don't have to do a single thing to make your request a reality except believe on Jesus. Jesus takes care of the rest. Don't worry, don't be afraid, trust in Je— sus. Let Him help you, even if you have messed up big time— there is no sin so big, no mistake so bad, that is greater than Jesus' love and sacrifice. So, talk to your advocate, pour out your heart concerning any and everything, rather it be big or small, and don't let go of your faith in Him for one second!

+ 성경

"하나님은 한 분이시요 또 하나님과 사람 사이에 중보자도 한 분이시니 곧 사람이신 그리스도 예수라."

– 딤전 2:5

"그리스도께서는 참 것의 그림자인 손으로 만든 성소에 들어가지 아니하시고 바로 그 하늘에 들어가사 이제 우리를 위하여 하나님 앞에 나타나셨느니라."

– 히 9:24

"하물며 영원하신 성령으로 말미암아 흠 없는 자기를 하나님께 드린 그리스도의 피가 어찌 너희 양심을 죽은 행실에서 깨끗하게 하고 살아 계신 하나님을 섬기게 하지 못하겠느냐 이로 말미암아 그는 새 언약의 중보자시니 이는 첫 언약 때에 범한 죄에서 속량하려고 죽으사 부르심을 입은 자로 하여금 영원한 기업의 약속을 얻게 하려 하심이라."

– 히 9:14~15

"누가 정죄하리요 죽으실 뿐 아니라 다시 살아나신 이는 그리스도 예수시니 그는 하나님 우편에 계신 자요 우리를 위하여 간구하시는 자시니라."

– 롬 8:34

"그러므로 자기를 힘입어 하나님께 나아가는 자들을 온전히 구원하실 수 있으니 이는 그가 항상 살아 계셔서 그들을 위하여 간구하심이라."

– 히 7:25

"나의 자녀들아 내가 이것을 너희에게 씀은 너희로 죄를 범하지 않게 하려 함이라 만일 누가 죄를 범하여도 아버지 앞에서 우리에게 대언자가 있으니 곧 의로우신 예수 그리스도시라."

– 요1 2:1

+ Scriptures

For there is one God, and one mediator between God and men, the man Christ Jesus.

— 1 TIMOTHY 2:5

For Christ has entered, not into holy places made with hands, which are copies of the true things, but into heaven itself, now to appear in the presence of God on our behalf.

— HEBREWS 9:24 (ESV)

Just think how much more the blood of Christ will purify our consciences from sinful deeds so that we can worship the living God. For by the power of the eternal Spirit, Christ offered himself to God as a perfect sacrifice for our sins. That is why he is the one who medi— ates a new covenant between God and people, so that all who are called can re— ceive the eternal inheritance God has promised them. For

Christ died to set them free from the penalty of the sins they had committed under that first covenant.

– HEBREWS 9:14~15 (NLT)

Who is he that condemneth? It is Christ that died, yea rather, that is risen again, who is even at the right hand of God, who also maketh intercession for us.

– ROMANS 8:34

Wherefore he is able also to save them to the uttermost that come unto God by him, seeing he ever liveth to make intercession for them.

– HEBREWS 7:25

My dear children, I write this to you so that you will not sin. But if anybody does sin, we have an advocate with the Father—Jesus Christ, the Righteous One.

– 1 JOHN 2:1 (NIV)

그리스도 안에서 하나님께 우리의 삶을 열어드림으로써 우리는 새로운 피조물이 된다. 예수님이 거듭나야 한다고 말씀하신 이 경험은 우리가 일반적인 관행을 따르지 않는 사람으로 변화되려면 필수적이다... 내면의 영적 변화를 통해서만 우리는 겸손하고 사랑스러운 마음으로 세상의 악과 격렬하게 싸울 힘을 얻는다.

— 마틴 루터 킹 주니어(Martin Luther King Jr)

By opening our lives to God in Christ, we become new creatures. This experience, which Jesus spoke of as the new birth, is essential if we are to be transformed non-conformists ... Only through an inner spiritual transformation do we gain the strength to fight vigorously the evils of the world in a humble and loving spirit.

— MARTIN LUTHER KING JR.

"내가 곧 길이요 진리요 생명이니 나로 말미암지 않고는 아버지께
로 올 자가 없느니라"(요 14:6).

– 예수

"I am the way, the truth, and the life: no man comes unto the Father, but by me."

— JESUS

예수님은 길이시다

　많은 사람들은 하나님께 나아가기 위한 여러 가지 길이 있다고 말한다. 자아발견의 여정을 통해 하나님께 가는 길을 스스로 찾을 수 있다고 말한다. 이 믿음은 거짓이다. 하나님께 이르는 길은 오직 한 길뿐이며 그 길은 예수님의 이름을 힘입어 갈 수 있다. 예수님은 길이다. 그냥 길이 아니라 유일한 길이다. 우리가 천국에서 영원을 보낼 수 있는 길은 단 하나, 이 세상 삶을 초월하여 다음 생으로 이어지는 아버지 하나님과 관계를 즐길 수 있는 길은 단 하나뿐이다. 오직 한 길이 있다. 그분의 이름은 예수님이다.

　예수님은 우리의 모든 죄에 대한 형벌을 받으시고, 우리가 아버지와 친하게 교제할 수 있도록 문을 열어주셨다. 우리가 삶의 모든 역경을 극복할 수 있도록, 그분은 우리가 새로운 피조물이 되는 길을 만드셨다! 그분은 우리가 새로운 신분을 취하는 길을 만드셨다. 그분은 우리의 운명을 다시 쓸 수 있는 길을 만드셨다. 우리는 한때 고통의 삶을 살 운명이었다. 우리는 우리의 죄와 범죄의 필연적인 결론인 죽음으로 운명지어졌다. 그러나 이제 우리는 우리의 삶의 여정의 결말, 즉 사랑하는 아버지와 함께 천국에서 영원히 보내는 기쁨, 평화, 목적, 성취감으로 가득한 삶을 살게 될 운명이 되었다.

예수님은 길이시다. 그분은 우리가 아버지와 소통하는 수단이시다. 그분은 우리 안에 놓여진 정체(正體-사물이나 사람이 본디 지니고 있는 특성-역주)이시다.

그것은 우리에게 주어진 그분의 직분이었다. 그분의 평화가 우리 안에 깃들었다. 우리에게 선택권을 주신 것은 그분의 선택이셨다. 당신은 삶을 다시는 즐기지 못할 정도로 엉망으로 망쳐진 것처럼 느낄지도 모른다. 당신은 출구를 찾을 수 없을 정도로 깊은 구멍을 파서, 더 나은 삶을 위한 모든 희망이 사라졌다고 느낄지도 모른다. 당신은 혼란스러울 수도 있다. 당신은 길을 잃었다고 느낄지도 모른다. 당신은 심지어 후회와 걱정, 무력함이 소망과 꿈에 대한 무덤 역할을 해서 묻혔다고 느낄 수도 있다. 이것이 당신을 묘사한다면 그러면 축하한다! 당신은 당신의 절망적인 상황을 길을 내시는 분께 전해야 한다. 예수님은 길이 없어 보일 때 그분의 자녀를 위한 길을 내시는데 전문가이시다.

그분은 그분의 자녀들에게 불가능한 일을 성취하도록 하시는 대가이시다. 그분은 당신의 처지에서 벗어나게 하시는 길이시다. 그것을 믿고, 그분이 당신의 뒤를 봐 주신다고 믿고, 예수님이 당신을 위해 길을 내시는 것을 지켜보라.

Jesus Is the Way

Many people say there are multiple paths that lead to God, and through a journey of self—discovery you can find your own way to God. This belief is a lie. There is only one way that leads to God, and His name is Jesus. Jesus is the way—not just a way, but the only way. There is only one way that we get to spend eternity in heaven, there is only one way that we get to enjoy a relationship with the Father God that transcends this life into the next. There is only one way, and His name is Jesus.

Jesus took the punishment for all our sins and opened the door for us to commune with the Father. So that we could overcome every adversity in life, He made a way for us to become new creatures! He made a way for us to assume new identities. He made a way for our destinies to be rewritten. We were once fated for a life of pain, destined for the inevitable conclusion of our sins and misdeeds: death. But now

we are fated for a life full of joy, peace, purpose, and fulfill—
ment, with the conclusion of our journey: spending eternity
in Heaven with a loving Father.

Jesus is the way, He is the avenue by which we commu—
nicate with the Father, He is the identity that was placed
in us. It was His title that was placed on us, and His peace
infused within us. It was His choice that gave us a choice.
You may feel like you have messed up so badly that you will
never enjoy life again. You may feel like you have dug a hole
so deep that you can never find a way out, that all your hope
for a better life is gone. You may feel confused. You may feel
lost. You may even feel stuck, with your regrets, worries,
and helplessness acting as a tomb for your hopes and dreams.
If this describes you, then congratulations! You are about
to intro— duce your hopeless situation to the Way— maker.
Jesus specializes in making a way for His people when there
seems to be no way. He is the master of doing the impossible
for His kids. He is the way out of your situation— believe
that, trust that He has your back, and watch as Jesus makes
a way just for you.

+ 성경

"예수께서 이르시되 내가 곧 길이요 진리요 생명이니 나로 말미암지 않고는 아버지께로 올 자가 없느니라."

– 요 14:6

"나 여호와가 이같이 말하노라 바다 가운데에 길을, 큰 물 가운데에 지름길을 내었느니라."

– 사 43:16

"하나님이 세상을 이처럼 사랑하사 독생자를 주셨으니 이는 그를 믿는 자마다 멸망하지 않고 영생을 얻게 하려 하심이라 하나님이 그 아들을 세상에 보내신 것은 세상을 심판하려 하심이 아니요 그로 말미암아 세상이 구원을 받게 하려 하심이라."

– 요 3:16~17

"그러므로 우리가 믿음으로 의롭다 하심을 받았으니 우리 주 예수 그리스도로 말미암아 하나님과 화평을 누리자 또한 그로 말미암아 우리가 믿음으로 서 있는 이 은혜에 들어감을 얻었으며 하나님의 영광을 바라고 즐거워하느니라."

– 롬 5:1~2

"그 길은 우리를 위하여 휘장 가운데로 열어 놓으신 새로운 살 길이요 휘장은 곧 그의 육체니라."

– 히 10:20

"너는 마음을 다하여 여호와를 신뢰하고 네 명철을 의지하지 말라 너는 범사에 그를 인정하라 그리하면 네 길을 지도하시리라."

– 잠 3:5~6

"주께서 생명의 길을 내게 보이시리니 주의 앞에는 충만한 기쁨이 있고 주의 오른쪽에는 영원한 즐거움이 있나이다."

– 시 16:11

+ Scriptures

Jesus saith unto him, I am the way, the truth, and the life: no man cometh unto the Father, but by me.

— JOHN 14:6

Thus saith the Lord, which maketh a way in the sea, and a path in the mighty waters.

— ISAIAH 43:16

"For this is how God loved the world: He gave his uniquely existing Son so that everyone who believes in him would not be lost but have eternal life. Because God sent the Son into the world, not to condemn the world, but that the world would be saved through him.

— JOHN 3:16~17 (ISV)

Our faith in Jesus transfers God's right− eousness to us

and he now declares us flawless in his eyes. This means we can now enjoy true and lasting peace with God, all because of what our Lord Jesus, the Anointed One, has done for us. Our faith guarantees us permanent access into this marvel- ous kindness that has given us a perfect relationship with God. What incredible joy bursts forth within us as we keep on cele- brating our hope of experiencing God's glory!

— ROMANS 5:1~2 (TPT)

By his death, Jesus opened a new and life- giving way through the curtain into the Most Holy Place.

— HEBREWS 10:20 (NLT)

Trust in the Lord with all your heart; do not depend on your own understanding. Seek his will in all you do, and he will show you which path to take.

— PROVERBS 3:5~6 (NLT)

You will show me the way of life, granting me the joy of your presence and the pleasures of living with you forever.

— PSALM 16:11 (NLT)

"예수님에 대한 헌신을 확실히 하고, 매일 그분을 따르도록 하라. 이 세상의 잘못된 가치와 목표에 휘둘리지 말고 당신이 하는 모든 일에 그리스도와 그분의 뜻을 우선시하라.

-빌리 그래함(Billy Graham)

"Make sure of your commitment to Jesus Christ, and seek to follow Him every day. Don't be swayed by the false values and goals of this world, but put Christ and His will first in everything you do.

— BILLY GRAHAM

"예수께서 자기를 믿은 유대인들에게 이르시되 너희가 내 말에 거하면 참으로 내 제자가 되고 진리를 알지니 진리가 너희를 자유롭게 하리라"(요 8:31-32).

- 예수

"If you continue in my word, then you are my disciples indeed; And you shall know the truth, and the truth shall make you free."

— JESUS

예수님은 진리이시다

오늘날 사회를 보면, 마치 더 이상 흑백과 같은 것은 존재하지 않는 것처럼 어떤 확실한 도덕적 나침반이 없는 것처럼 보일 것이다. 옳고 그름, 명예와 진리는 각각 개인의 신념체계에 의해 정의되는 상대적 용어가 된 것 같다. 그러나 진리는 상대적이지 않고, 도덕은 중간이 아니며, 명예는 여전히 잘못된 것 대신 옳은 것을 선택함으로써 달성된다. 그러나 사회는 여전히 많은 사람들을 도덕과 진리의 붕괴를 통해 야기되는 혼란의 수준으로 끌어내리려고 한다.

결국, 기본적인 진리 없이, 도덕적으로 경계 없이, 그리고 명예를 향해 나아갈 무언가가 없이 어떻게 성취된 삶을 살 수 있겠는가? 진리는 신화도, 상대적이지도 않고, 진리는 예수님이시다. 그리고 성경에 따르면 예수님은 성육신 하신 하나님의 말씀이시다. 성경은 진리이다. 진리는 주관적이지 않으며, "보는 사람의 눈에" 아름다움과도 다르며, 한정되고 변하지 않으며 부패할 수 없다. 시간은 그것을 약화시킬 수 없고, 문화는 그것을 편리하도록 바꿀 수 없으며, 추론은 그 의미를 고칠 수 없다. 진리는 우리가 우리의 삶을 사는 방법이다. 그것은 모든 상황에서 우리가 어떻게 행동을 취해야 하는지를 보여준다. 그것은 우리의 성취되고 만족스러운 삶에 대한 도로 지도이자 여행 안내서다.

진리의 근원은 많지 않다. 우리가 삶을 구축할 수 있는 진리는 하나뿐이고 그것은 하나님의 말씀이다. 어떤 인간의 철학을 채택하여 당신의 신념 체계를 정당화할 방법을 찾으려고 하지 말라. 하나님의 영원하신 말씀에서 발견되는 진리와 원칙에 대한 믿음 체계를 확립하라.

그것은 그리스도인의 처신의 초석이며, 이 세상 삶에서 선하고 정직하며 순수한 모든 것의 근원이다. 예수님의 원칙에 따라 살고, 그분의 동기를 여러분 자신의 것으로 만들고, 그분의 성품을 여러분 자신의 것으로 만들어라. 이것이 그리스도를 본받는 사람이 되기 위한 우리의 일상적인 탐구가 되어야 한다. 그러면 우리는 평화와 명료함, 그리고 진정한 삶의 기쁨으로 충만한 성취된 삶을 찾게 될 것이다. 우리는 성경을 진리로 받아들여야 한다. 우리는 성경을 우리 삶의 최종 권위로 받아들여야 한다. 우리는 인생의 모든 것을 성경으로 판단해야 하고, 그것을 따르도록 노력해야 한다. 우리가 진리를 따를 때에, 우리는 예수님을 따르고, 진리(예수님)가 우리를 자유롭게 할 것이라는 것을 알기 때문이다.

Jesus Is the Truth

Looking at society today, it would seem like it is void of any definite moral compass, as if there is no such thing as black and white anymore. Right and wrong, honor and truth seem to have become relative terms defined by each individual's belief system. But truth is not relative, morality is not gray, and honor is still achieved by choosing right instead of wrong. And yet society still seeks to drag many down to their level of confusion produced through the degradation of morality and truth.

After all, how can one live a fulfilled life without foundational truth to build upon, without morality as boundaries, and without something to build towards like honor? Truth is not a myth, and it is not relative; truth is Jesus. And Jesus, according to the Bible, is the Word of God incarnate. The Bible is truth. Truth is not subjective, it is not like beauty, "in the eye of the beholder," it is finite, unchanging, and incorruptible. Time cannot erode it, cultures cannot bend it, and reasoning cannot alter its meaning. It is the way we are to live our lives. It shows us how we are to operate under every type of circumstance. It is our road map and guidebook to the fulfilled and satisfied life.

There are not many sources of truth, there is only one truth by which we can build our lives on and it is the Word of God. Don't endeavor to find a way to justify your belief system by adopting some human philos— ophy—establish your belief system on the truths and principles found in God's eternal Word. It is the cornerstone for the Christian walk, and the source of all that is good, honest, and pure in this life. To live according to Jesus' principles, to make His motivations your own, to make His character your own.

This should be our daily quest—to become imitators of Christ. Then we will find the fulfilled life full of peace, clarity, and a real joy of living. We must accept the Bible as truth. We must accept it as the final authority in our lives. We must judge everything in life by it, and endeavor to follow it. For when we follow truth, we follow Jesus, and we know that the Truth (Jesus) shall set us free!

+ 성경

"예수께서 자기를 믿은 유대인들에게 이르시되 너희가 내 말에 거하면 참으로 내 제자가 되고 진리를 알지니 진리가 너희를 자유롭게 하리라."

– 요 8:31~32

"태초부터 있는 생명의 말씀에 관하여는 우리가 들은 바요 눈으로 본 바요 자세히 보고 우리의 손으로 만진 바라 이 생명이 나타내신 바 된지라 이 영원한 생명을 우리가 보았고 증언하여 너희에게 전하노니 이는 아버지와 함께 계시다가 우리에게 나타내신 바 된 이시니라 우리가 보고 들은 바를 너희에게도 전함은 너희로 우리와 사귐이 있게 하려 함이니 우리의 사귐은 아버지와 그의 아들 예수 그리스도와 더불어 누림이라 우리가 이것을 씀은 우리의 기쁨이 충만하게 하려 함이라."

– 요 1서 1:1~4

"내가 곧 길이요 진리요 생명이니 나로 말미암지 않고는 아버지께로 올 자가 없느니라."

– 요 14:6

"그들을 진리로 거룩하게 하옵소서 아버지의 말씀은 진리니이다."

– 요 17:17

"너희가 진리를 순종함으로 너희 영혼을 깨끗하게 하여 거짓이 없이 형제를 사랑하기에 이르렀으니 마음으로 뜨겁게 서로 사랑하라 너희가 거듭난 것은 썩어질 씨로 된 것이 아니요 썩지 아니할 씨로 된 것이니 살아 있고 항상 있는 하나님의 말씀으로 되었느니라."

– 벧전 1:22~23

"말씀이 육신이 되어 우리 가운데 거하시매 우리가 그의 영광을 보니 아버지의 독생자의 영광이요 은혜와 진리가 충만하더라."

–요 1:14

+ Scriptures

Jesus said to the people who believed in him, "You are truly my disciples if you remain faithful to my teachings. And you will know the truth, and the truth will set you free."

— JOHN 8:31~32 (NLT)

In the beginning before all time was the Word (Christ), and the Word was with God, and the Word was God Himself. He was present originally with God. All things were made and came into existence through Him; and without Him was not even one thing made that has come into being. In Him was Life, and the Life was the Light of men.

— JOHN 1:1~4 (AMPC)

Jesus saith unto him, I am the way, the truth, and the life: no man cometh unto the Father, but by me.

— JOHN 14:6

"Your Word is truth! So make them holy by the truth."

– JOHN 17:17 (TPT)

Since by your obedience to the truth you have purified yourselves for a sincere love of the believers, see that you love one another from the heart always unselfishly seeking the best for one another, for you have been born again that is, reborn from above—spiritually transformed, renewed, and set apart for His purpose not of seed which is perishable but from that which is imperishable and immortal, that is, through the living and everlasting word of God.

– 1 PETER 1:22~23 (AMP)

And the Word (Christ) became flesh (human, incarnate) and tabernacled (fixed His tent of flesh, lived awhile) among us; and we actually saw His glory (His honor, His majesty), such glory as an only begotten son receives from his father, full of grace (favor, loving-kindness) and truth.

– JOHN 1:14 (AMPC)

"당신이 성경을 읽는 것은 매우 좋은 일이다... 성경은 그리스도다. 이는 구약성경의 한계 정점의 서곡에 이르기 때문이다... 그리스도만이... 주된 확실성, 영원한 삶, 시간의 무한함, 죽음이 존재하지 않음, 평온과 헌신의 필요성과 존재 이유를 확증하셨다. 그분은 다른 모든 예술가들보다 더 위대한 예술가로서, 대리석과 점토는 물론 색채까지 경멸하시며 살아 있는 육체에 종사하시며 평온하게 사셨다. 말하자면, 이 비 길데 없는 예술가는.. 조각상도 그림도 책도 만들지 않으셨다. 그분은 큰소리로 그분은... 살아 있는 사람, 불멸의 사람을 창조하셨다고 선언하셨다.

– 빈센트 반 고흐(Vincent Van Gogh)

"It is a very good thing that you read the Bible⋯ The Bible is Christ, for the Old Testament leads up to this culminating point⋯ Christ alone⋯ has affirmed as a principal certainty, eternal life, the infinity of time, the nothingness of death, the necessity and the raison d'être of serenity and devotion. He lived serenely, as a greater artist than all other artists, despising marble and clay as well as color, working in living flesh. That is to say, this matchless artist⋯ made neither statues nor pictures nor books; he loudly proclaimed that he made⋯ living men, immortals."

— VINCENT VAN GOGH

"누구든지 제 목숨을 구원하고자 하면 잃을 것이요 누구든지 나를 위하여 제 목숨을 잃으면 찾으리라 사람이 만일 온 천하를 얻고도 제 목숨을 잃으면 무엇이 유익하리요 사람이 무엇을 주고 제 목숨과 바꾸겠느냐"(마 16:25-26).

-예수

"For if you choose self–sacrifice and lose your lives for my glory, you will continually discover true life. But if you choose to keep your lives for yourselves, you will forfeit what you try to keep. For even if you were to gain all the wealth and power of this world with everything it could offer you—at the cost of your own life— what good would that be? And what could be more valuable to you than your own soul?"

– JESUS

예수님은 생명이시다

예수님은 요한복음 10장 10절에서 "도둑이 오는 것은 도둑질하고 죽이고 멸망시키려는 것뿐이요 내가 온 것은 양으로 생명을 얻게 하고 더 풍성히 얻게 하려는 것이라"고 말씀하셨다. 당신은 당신이 예수님을 당신의 구원자로 받아들이면, 그분의 생명이 당신 속에 불어넣어진다. 예수님이 말씀하시는 삶은 하루하루의 황량한 존재에서 살아남는 것 뿐만 아니라 활기차고 즐거운 모험이다! 그렇다면 예수님이 생명이라고 말씀하시는 것은 무엇을 의미하는가? 그것은 단지 우리가 그리스도를 영접하기 전에 우리가 무엇을 놓치고 무엇을 향해 일하고 있는지 무의식적으로 알지 못한 채 걸어 다니는 죽은 자라는 것을 의미한다. 일단 구원을 받으면 우리는 실존으로부터 깨어나고, 생명으로 옮겨지고, 그분이 우리에게 주신 생명으로 그리스도와 함께 되살아나 모든 생명의 근원이신 분과 연결된다!

예수님을 우리의 개인적인 주님과 구원자로 영접하는 것은 우리에게 숨 쉴 수 있는 생명을 위한 문을 열어주는 것이다. 예수님은 우리의 삶에 목적을 주신다. 하지만 그분은 거기서 멈추지 않으신다. 그분은 우리에게 초자연적인 평화, 압도적인 기쁨, 어떤 고난보다 우선

하는 소망, 그리고 이 세상 삶을 초월한 가장 친밀한 관계를 다음 삶으로 만들어 준다. 예수님 없이 사는 것은 다른 사람들이 당신을 어떻게 생각하는지에 대한 당신의 정체성에 기반을 두는 것이다. 즉 당신의 성과는 승진에, 그리고 당신의 성공은 권력, 부, 영향력에 기반을 두는 것이다.

많은 사람들은 그들이 그들에게 평화와 행복을 가져다 줄 것이라고 믿는 것들을 좇는다. 그러나 진정한 평화와 행복은 오직 예수님 안에서만 찾을 수 있다. 어떤 휴가도 하나님의 평화에 촛불을 들 수 없고, 어떤 직업도 아버지에 대한 순종이 할 수 있는 안전과 성취감을 제공할 수 없으며, 세계에서 가장 존경받는 사람들의 찬사도 주님의 받아들이심과 칭찬과 비교할 수 없다. 그분은 당신을 속속들이 아시고, 좋은 것, 나쁜 것, 못생긴 것까지 모두 아시고, 여전히 당신을 무조건 사랑하시고 당신을 그분의 자녀라고 공언하신다!

당신이 자기 자신을 위해서, 배우자를 위해서, 자녀들을 위해서, 직업을 위해서, 그리고 삶에서 모든 사람들을 위해서 할 수 있는 최선의 것은 하나님과의 관계에 자신의 모든 것을 던지는 것이다. 그것은 그분을 진심으로 섬기고, 예전의 생각하고, 말하고, 생활하는 방식을 내려놓고, 그리스도를 닮기 시작하는 것이다! 왕을 위해 사는 모든 성도들에게는 성취감과 기쁨의 삶이 있다. 진정으로 만족하는 삶, 즉 예수님으로 가득 찬 삶만이 있을 뿐이다.

Jesus Is the Life

Jesus said in John 10:10, "I have come so that you may have life and have it more abun‒ dantly." When you accept Jesus as your Savior, His life becomes infused into your own. The life Jesus is talking about is not just surviving a day to day bleak existence, but it is a vibrant, joyful adventure! So, what does it mean then to say that Jesus IS life? It means just that, before we accept Christ, we are the walking dead, un‒ consciously unaware of what we are missing and what we are working towards. Once saved, we are awak‒ ened from that existence, brought to life, raised up with Christ to the life that He came to give us—connected to the source of all life!

Accepting Jesus as our personal Lord and Savior opens the door for life to be breathed into us. Jesus gives purpose to our lives, but He doesn't stop there. He gives us supernat‒ ural peace, an overwhelming joy, a hope that supersedes any hardship, and the most inti‒ mate relationship that tran‒ scends this life on into the next. To live life without Jesus is to base your identity on what others think of you; to base your performance on promotion, and your success on power, wealth, or influence.

Many people chase after the things that they believe will bring them peace and happi— ness. But true peace and happiness can only be found in Jesus. No vacation can hold a candle to the peace of God, no job can provide the security and fulfillment that obedience to the Father can, no accolades from the world's most esteemed individuals can ever compare to the Lord's acceptance and approval. He knows you inside and out, all the good, the bad, and the ugly, and still loves you uncondi— tionally and claims you as His kid!

The best thing you could ever do for yourself, for your spouse, for your kids, for your job, for every person in your life is to throw your whole self into a relationship with God. To serve Him wholeheartedly, and to lay down your old way of thinking, speaking, and living, and begin to imitate Christ! There is a life of fulfillment and joy for every believer who lives for the King. There is only one truly satisfied life—the life filled with Jesus.

+ 성경

"나는 부활이요 생명이니 나를 믿는 자는 죽어도 살겠고 무릇 살아서 나를 믿는 자는 영원히 죽지 아니하리니 이것을 네가 믿느냐."

– 요 11:25~26

"이는 너희가 죽었고 너희 생명이 그리스도와 함께 하나님 안에 감추어졌음이라 우리 생명이신 그리스도께서 나타나실 그 때에 너희도 그와 함께 영광 중에 나타나리라."

– 골 3:3~4

"내가 진실로 진실로 너희에게 이르노니 내 말을 듣고 또 나 보내신 이를 믿는 자는 영생을 얻었고 심판에 이르지 아니하나니 사망에서 생명으로 옮겼느니라."

– 요 5:24

"진실로 진실로 너희에게 이르노니 믿는 자는 영생을 가졌나니 내가 곧 생명의 떡이니라."

- 요 6:47~48

"허물로 죽은 우리를 그리스도와 함께 살리셨고(너희는 은혜로 구원을 받은 것이라)."

- 엡 2:5

"도둑이 오는 것은 도둑질하고 죽이고 멸망시키려는 것뿐이요 내가 온 것은 양으로 생명을 얻게 하고 더 풍성히 얻게 하려는 것이라."

- 요 10:10

"또 증거는 이것이니 하나님이 우리에게 영생을 주신 것과 이 생명이 그의 아들 안에 있는 그것이니라 아들이 있는 자에게는 생명이 있고 하나님의 아들이 없는 자에게는 생명이 없느니라."

- 요 1서 5:11~12

+ Scriptures

"…I am the Resurrection, and I am Life Eternal. Anyone who clings to me in faith, even though he dies, will live forever. And the one who lives by believing in me will never die. Do you believe this?"

– JOHN 11:25(B)–26 (TPT)

Your old life is dead. Your new life, which is your real life—even though invisible to specta– tors—is with Christ in God. He is your life. When Christ (your real life, remember) shows up again on this earth, you'll show up, too—the real you, the glorious you. Meanwhile, be content with obscurity, like Christ.

– COLOSSIANS 3:3–4 (MSG)

Verily, verily, I say unto you, He that heareth my word, and believeth on him that sent me, hath everlasting life, and shall not come into condem– nation; but is passed from death unto life.

– JOHN 5:24

Very truly I tell you, the one who believes has eternal life. I am the bread of life.

— JOHN 6:47~48 (NIV)

Even when we were dead (slain) by our own shortcomings and trespasses, He made us alive together in fellowship and in union with Christ; He gave us the very life of Christ Himself, the same new life with which He quickened Him, for it is by grace (His favor and mercy which you did not deserve) that you are saved (delivered from judg- ment and made partakers of Christ's salvation).

— EPHESIANS 2:5 (AMPC)

The thief cometh not, but for to steal, and to kill, and to destroy: I am come that they might have life, and that they might have it more abundantly.

— JOHN 10:10

This is the testimony in essence: God gave us eternal life; the life is in his Son. So, whoever has the Son, has life; whoever rejects the Son, rejects life.

— 1 JOHN 5:11~12 (MSG)

아무도 예수님의 실제적인 임재를 느끼지 않고서는 복음서를 읽을
수 없다. 그분의 인격이 모든 말씀에서 맥박친다. 그런 삶으로 가득
찬 이야기는 없다.

– 앨버트 아인슈타인(Albert Einstein)

No man can read the gospels without feeling the actual
presence of Jesus. His personality pulsates in every word.
No myth is filled with such life.

— ALBERT EINSTEIN

"수고하고 무거운 짐 진 자들아 다 내게로 오라 내가 너희를 쉬게 하리라 나는 마음이 온유하고 겸손하니 나의 멍에를 메고 내게 배우라 그리하면 너희 마음이 쉼을 얻으리니 이는 내 멍에는 쉽고 내 짐은 가벼움이라 하시니라"(마 11:28~30).

—예수

"Are you tired? Worn out? Burned out on religion? Come to me. Get away with me and you'll recover your life. I'll show you how to take a real rest. Walk with me and work with me—watch how I do it. Learn the unforced rhythms of grace. I won't lay anything heavy or ill-fitting on you. Keep company with me and you'll learn to live freely and lightly."

— JESUS

예수님은 당신을 위하신다

예수님은 당신을 위하신다. 그분은 당신을 반대하지 않으신다. 당신이 실패할 때, 그분은 당신을 위하신다. 당신이 죄를 지을 때, 그분은 당신을 위하신다. 당신이 불순종할 때, 그분은 당신을 위하신다. 당신이 그분을 몇 년 동안 무시해도, 그분은 여전히 당신을 위하신다. 당신이 그분이 수백만 마일이나 떨어져 계신다고 느낄 때, 그분은 당신을 위하신다. 하나님은 당신이 하나님의 눈에 넣어도 안 아픈 존재라고 말씀하신다. 예수님은 당신이 저지르는 실수, 당신이 저지르는 죄, 그리고 당신이 내리는 잘못된 선택을 충분히 알고 계셨다. 그리고 그분은 여전히 당신이 항상 당신의 하늘의 아버지와 화해할 기회를 가질 수 있도록 십자가를 지시기로 결정하셨다.

그분이 받으신 채찍으로 모든 살이 찢어지고, 그분의 몸속에 박힌 못, 머리에 가시가 박히고, 십자가를 지고 가시는 고통스러운 발걸음, 질식사하시는 순간에도 십자가에 매달리셔서 그분은 당신을 생각하고 계셨다. 그분을 십자가에 못박은 것은 어떤 못이나 권위, 경비병이 아니라 사랑이었다. 그분은 당신의 삶이 고통과 고뇌로 운명지어지는 것을 보셨다. 그래서 그분은 당신을 살리시기 위해 기꺼이 자신을 희생하셨다. 그분은 당신의 수치심을 감수하셨고, 당신의 고통을 감수하셨고, 당신의 죄를 짊어지셨고, 당신의 병을 짊어지셨고, 결국에는 그분이 당신의 자리를 대신하셨다.

　당신은 그분께 그럴만한 가치가 있었다. 그렇기 때문에 당신이 실패하고, 불순종하고, 부족하고, 우선순위가 잘못될 때 그럼에도 불구하고 그분이 당신을 보시는 방식을 바꾸지 않으시는 이유이다. 당신이 모든 일을 제대로 했다면 그분이 십자가에 못박힐 이유는 결코 없었을 것이다. 그분은 당신이 행복하고, 삶이 번창하고, 성취되고, 성공하고, 기쁨으로 충만하고, 평화로 충만하고, 믿음으로 무장하고, 그분의 성령으로 무장하고, 예수님이 당신에게 하신 일에 대한 좋은 소식을 전파할 준비가 되어 있는 것을 보기를 원하시기 때문에 당신을 위해 모든 것을 참으셨다. 당신은 이 사랑을 얻지 못했고, 천국의 이쪽에 있는 그분의 사랑을 완전히 이해할 수 있을지 의심스럽지만, 당신이 말한 것과 혹은 당신이 무엇을 할 것인지에 상관없이, 또는 당신이 무엇을 생각하거나 어떻게 생각할 것인지에 상관없이, 예수님은 당신을 사랑하시고 그분은 당신을 위하신다. 당신은 이 사랑을 얻지 못했고, 당신이 천국의 이쪽에서 그분의 사랑을 완전히 이해할 수 있을지 의심스럽지만, 당신이 무슨 일을 했거나 무슨 일을 할 것인지 상관없이, 당신이 무슨 말을 했든, 무슨 말을 할 것인지 상관없이, 당신이 무슨 생각을 했든, 무슨 생각을 할 것인지 상관없이 예수님은 당신을 사랑하시고, 그분은 당신을 위하신다. 그분은 당신을 성공시키시고, 도우시고, 당신을 일어서게 하시고, 당신과 시간을 보내시고, 영광스러운 미래를 주실 계획을 가지고 계신다. 그것을 믿으라! 예수님은 당신을 위하신다.

Jesus Is for You

Jesus is for you; He is not against you. When you fail, He is for you. When you sin, He is for you. When you disobey, He is for you. When you ignore Him for years, He is still for you. When you feel like He is a million miles away, He is for you. God says you are the apple of His eye, and Jesus knew full well the mistakes you would make, the sins you would commit, and the wrong choices that you would make—and He still chose to pick up the cross just so you could always have the chance to be reunited with your heavenly Father.

With every flesh−ripping lash from the whip He received, with each nail that was driven into His body, with every thorn jammed into His scalp, with every agonizing step carrying the cross, and with each asphyx− iating second He hung on the cross, He was thinking of you. It wasn't any nail, authority, or guard that held Him to the cross, it was love. He saw your life fated for pain and torment, and He willingly sacrificed

Himself to spare you. He took your shame, He took your pain, He took your sin, He took your sickness, and ultimately, He took your place.

You were worth it to Him. That's why when you fail, disobey, fall short, and mispri− oritize things over Him, it doesn't change the way He sees you. If you did everything right, there would have never been a reason for the cross. He bore it all for your sake because He wants to see you hap− py, flourishing in life, fulfilled, successful, full of joy, full of peace, equipped with faith, armed with His Spirit, and ever ready to spread the good news about what Jesus did for you. You didn't earn this love, and it's doubtful that you will ever be able to fully understand His love this side of Heaven, but, you can accept that regardless of what you have done or will do, regardless of what you have said, or will say, regardless of what you have thought or will think, Jesus loves you and He is for you. He has plans to prosper you, to help you, to get you on your feet, to spend time with you and give you a glorious future. Believe it! Jesus is for you.

+ 성경

"우리에게 있는 대제사장은 우리의 연약함을 동정하지 못하실 이가 아니요 모든 일에 우리와 똑같이 시험을 받으신 이로되 죄는 없으시니라 그러므로 우리는 긍휼하심을 받고 때를 따라 돕는 은혜를 얻기 위하여 은혜의 보좌 앞에 담대히 나아갈 것이니라."

- 히 4:15~16

"지금까지는 너희가 내 이름으로 아무것도 구하지 아니하였으나 구하라 그리하면 받으리니 너희 기쁨이 충만하리라."

- 요 16:24

"나의 의를 즐거워하는 자들이 기꺼이 노래 부르고 즐거워하게 하시며 그의 종의 평안함을 기뻐하시는 여호와는 위대하시다 하는 말을 그들이 항상 말하게 하소서."

- 시 35:27

"하나님이 세상을 이처럼 사랑하사 독생자를 주셨으니 이는 그를 믿는 자마다 멸망하지 않고 영생을 얻게 하려 하심이라."

- 요 3:16

"내가 확신하노니 사망이나 생명이나 천사들이나 권세자들이나 현재 일이나 장래 일이나 능력이나 높음이나 깊음이나 다른 어떤 피조물이라도 우리를 우리 주 그리스도 예수 안에 있는 하나님의 사랑에서 끊을 수 없으리라."

- 롬 8:38~39

"하나님이여 주의 인자하심이 어찌 그리 보배로우신지요 사람들이 주의 날개 그늘 아래에 피하나이다."

- 시 36:7

+ Scriptures

For we do not have a High Priest Who is unable to understand and sympathize and have a shared feeling with our weaknesses and infir— mities and liability to the assaults of temptation, but One Who has been tempted in every respect as we are, yet without sinning. Let us then fear— lessly and confidently and boldly draw near to the throne of grace (the throne of God's unmer— ited favor to us sinners), that we may receive mercy for our failures and find grace to help in good time for every need appropriate help and well—timed help, coming just when we need it.

— HEBREWS 4:15~16 (AMPC)

Up to this time you have not asked a single thing in My Name as presenting all that I Am; but now ask and keep on asking and you will receive, so that your joy (gladness, de— light) may be full and complete.

— JOHN 16:24 (AMPC)

Let them shout for joy, and be glad, that favour my righ-
teous cause: yea, let them say continually, Let the Lord be
magnified, which hath pleasure in the prosperity of his ser-
vant.

— PSALM 35:27

For God so loved the world, that he gave his only begot-
ten Son, that whosoever believeth in him should not perish,
but have everlasting life.

— JOHN 3:16

For I am persuaded, that neither death, nor life, nor an-
gels, nor principalities, nor powers, nor things present, nor
things to come, Nor height, nor depth, nor any other crea-
ture, shall be able to separate us from the love of God, which
is in Christ Jesus our Lord.

— ROMANS 8:38–39

How priceless is your unfailing love, O God! People take
refuge in the shadow of your wings.

— PSALM 36:7 (NIV)

"하나님의 사랑보다 더 깊은 구덩이는 없다.

　　　　-코리 텐붐(Corrie Ten Boom-홀로 코스트 생존자)

"There is no pit so deep, that God's love is not deeper still."

— CORRIE TEN BOOM (HOLOCAUST SURVIVOR)

“..내가 세상 끝날까지 너희와 항상 함께 있으리라”(마 28-20).

-예수

"I am with you always, even to the end of the age."

– JESUS

예수님은 당신과 함께 계신다

　예수님은 당신과 함께 계신다. 세상은 하나님을 모든 사람들에게 실망하셔서 무섭게 내려다보시며 보좌에 앉아 계시는 가혹하신 감독자로 그려왔다. 그리고 많은 사람들은 냉담한 하나님의 분노를 피할 수 있는 유일한 방법은 하나님의 율법 목록을 따르고, 좋은 일을 많이 하고, 즐거움과 재미와 같은 것들을 포기하는 것이라고 느꼈다. 예수님을 그런 식으로 보는 것은 예수님을 전혀 보지 않는 것과 같다. 그것은 사람들이 예수님과 개인적인 관계 대신에 기독교를 단순한 종교라고 주장하는 것과 같다. 당신이 예수님을 개인적인 구세주로 영접하면 결코 멈추지 않는 관계를 시작하는 것이다.

　당신이 예수님을 구주로 영접한 후, 당신은 그분과 함께 가족, 형제, 자매가 되어서, 당신이 사랑하는 친구처럼 그분과 함께 즐길 수 있게 되었다. 그분은 우리를 결코 떠나지도 않으시고, 버리지도 않으시겠다고 약속하셨다. 당신이 무엇을 하든지, 무엇을 했든지, 얼마나 많이 실패했든지, 혹은 실패하든지, 그리고 어떤 도전에 직면하든지 상관없이, 예수님은 여전히 당신과 함께 계신다. 그분은 언제나 당신을 지지하시고, 도우시고, 뒷받침하실 준비가 되어 있으시다. 어떤 고난에도 견딜 수 있는 힘을 주시고, 어떤 도전도 이겨낼 수 있는 용기를 주시고, 슬픔이 있을 때 위안을 주시기 위해 당신과 함께 계시는 것이다. 당신의 처지가 완전히 절망적일 때 그분은 당신에게 희망을 주시기 위해 그곳에 계신다. 그분은 보좌에 앉으셔서 당신에게 치욕을 안겨 주시는 것이 아니라, 당신과 함께 하시고, 당신을 위해 중보하신다. 만약 당신이 그분을 허락한다면, 당신의 삶의 모든 단계를 당신과 함께 즐기신다.

지혜, 지도, 질문에 대한 응답, 그리고 당신이 요청할 수 있는 최고의 조언은 항상 당신이 그분을 의지하고 그것을 그분께 물어보는 것이다. 당신이 모자랄 때도, 그분은 어려운 시기를 빠져나가도록 하실 뿐만 아니라, 당신의 모든 실수, 죄, 실패에도 불구하고 그분은 여전히 당신을 정죄하시거나 비난하시거나 죄의식에 사로잡히도록 하지 않으신다! 대신에 그분은 당신을 안아 올리시며, 얼굴에 큰 웃음을 지으시며, 이렇게 말씀하신다. "내가 너를 용서한다. 이번에도 내게 도와주도록 하는 것이 어떻겠니?"

예수님과 관계를 통해 당신에게 주어진 의기양양함, 소망, 평화, 인도하심을 즐기라. 성경을 읽으면서 그분의 성품의 깊이를 탐구하라. 예배를 통해 그분의 사랑과 임재를 경험하라. 그분이 당신의 삶의 모든 영역에 관여하시게 하라. 모든 관계와 마찬가지로 시간이 걸리지만 나날이 발전해 당신의 평생 가장 보람 있는 경험이 될 것이다.

Jesus Is with You

The world has painted God as a stern taskmaster, sitting forbiddingly upon a throne looking down in disappointment upon everyone. And many have felt that the only way to escape the wrath of an indifferent God is by following a list of rules, having a plethora of good works, and giving up things like enjoy— ment and fun. To see Jesus in such a manner is to not see Jesus at all; it's akin to claiming Christianity as a mere religion that people adhere to instead of a personal relationship with Jesus Christ. When you accept Jesus as your personal Savior, you begin a relationship that will never end. Not even death can halt it.

After you accepted Jesus as your Savior, you became family, brothers and sisters with Him, able to enjoy His company as you would a dear friend. He promised us that He would never leave or forsake us. Regardless what you do or have done, regardless how many times you failed or will fail, and regard— less of what challenges you might face, Jesus is still with you. He is ever ready to support, help, and undergird you. He is with you to give you strength to endure any hard—

ship, to provide courage to overcome any challenge, and to provide comfort in times of sorrow. He is there to give you hope when your situation seems utterly hopeless. He is not sitting on a throne looking upon you in distain, He is with you, interceding for you, and if you let Him, enjoying every phase of your life with you.

Wisdom, guidance, answers to questions, and the best advice you could ever ask for is always within your reach if you but lean on Him and ask Him for it. Even when you fall short, not only does He stick it out through the tough times, through all of your mistakes, sins, and failures, He still never condemns, criticizes, or puts a guilt trip on you! Instead, He picks you up and dusts you off with a big smile on His face, and says, "I forgive you. Why don't you let me help you this time?"

Enjoy the elation, hope, peace, and guid— ance that was made available to you through a relationship with Jesus. Begin exploring the depths of His character through reading the Bible. Begin experiencing His love and His presence through worship. Begin letting Him become involved in every area of your life. Like all relationships, it takes time, but it will grow day by day and become the most rewarding experience in your entire life.

+ 성경

"또한 모든 것을 해로 여김은 내 주 그리스도 예수를 아는 지식이 가장 고상하기 때문이라 내가 그를 위하여 모든 것을 잃어버리고 배설물로 여김은 그리스도를 얻는 것이니라."

─빌 3:8

"끝으로 너희가 주 안에서와 그 힘의 능력으로 강건하여지라."

─엡 6:10

"내가 네게 명령한 것이 아니냐 강하고 담대하라 두려워하지 말며 놀라지 말라 네가 어디로 가든지 네 하나님 여호와가 너와 함께 하느니라 하시니라."

─수 1:9

"두려워하지 말라 내가 너와 함께 함이라 놀라지 말라 나는 네 하나님이 됨이라 내가 너를 굳세게 하리라 참으로 너를 도와 주리라 참으로 나의 의로운 오른손으로 너를 붙들리라."

- 사 41:10

"...그가 친히 말씀하시기를 내가 결코 너희를 버리지 아니하고 너희를 떠나지 아니하리라 하셨느니라."

- 히 13:5

"너희는 강하고 담대하라 두려워하지 말라 그들 앞에서 떨지 말라 이는 네 하나님 여호와 그가 너와 함께 가시며 결코 너를 떠나지 아니하시며 버리지 아니하실 것임이라."

- 신 31:6

"너의 하나님 여호와가 너의 가운데에 계시니 그는 구원을 베푸실 전능자이시라 그가 너로 말미암아 기쁨을 이기지 못하시며 너를 잠잠히 사랑하시며 너로 말미암아 즐거이 부르며 기뻐하시리라 하리라."

- 습 3:17

+ Scriptures

Yes, furthermore, I count everything as loss compared to the possession of the priceless privi- lege (the overwhelming preciousness, the surpass- ing worth, and supreme advantage) of knowing Christ Jesus my Lord and of progressively becoming more deeply and intimately acquainted with Him of perceiving and recognizing and understanding Him more fully and clearly. For His sake I have lost everything and consider it all to be mere rubbish (refuse, dregs), in order that I may win (gain) Christ (the Anointed One).

– PHILIPPIANS 3:8 (AMPC)

In conclusion, be strong in the Lord be empowered through your union with Him; draw your strength from Him that strength which His boundless might provides.

– EPHESIANS 6:10 (AMPC)

This is my command—be strong and coura- geous! Do not be afraid or discouraged. For the Lord your God is with you wherever you go."

– JOSHUA 1:9 (NLT)

Fear thou not; for I am with thee: be not dismayed; for I am thy God: I will strengthen thee; yea, I will help thee; yea, I will uphold thee with the right hand of my righteousness.

— ISAIAH 41:10

···He God Himself has said, I will not in any way fail you nor give you up nor leave you without support. I will not, I will not, I will not in any degree leave you helpless nor forsake nor let you down (relax My hold on you!) Assuredly not!

— HEBREWS 13:5(B) (AMPC)

Be strong and courageous. Do not be afraid or terrified because of them, for the Lord your God goes with you; he will never leave you nor forsake you.

— DEUTERONOMY 31:6 (NIV)

The Lord your God is with you, the Mighty Warrior who saves. He will take great delight in you; in his love he will no longer rebuke you, but will rejoice over you with singing.

— ZEPHANIAH 3:17 (NIV)

내가 몇 년 동안 지켜온 규칙은 주 예수 그리스도를 개인적인 친구로 대하는 것이다. 그분은 신조나 단순한 교리가 아니라 우리가 가진 것은 바로 그분 자신이다.

-드와이트 라이먼 무디(Dwight L. Moody)

"A rule I have had for years is: to treat the Lord Jesus Christ as a personal friend. His is not a creed, a mere doctrine, but it is He Himself we have."

– DWIGHT L. MOODY

"내가 아버지의 이름을 그들에게 알게 하였고 또 알게 하리니 이는 나를 사랑하신 사랑이 그들 안에 있고 나도 그들 안에 있게 하려 함 이니이다!"(요 17:26)

－ 예수
(우리를 위해 아버지께 기도)

"I have revealed to them who you are and I will continue to make you even more real to them, so that they may experience the same endless love that you have for me, for your love will now live in them, even as I live in them!"

— JESUS
(PRAYING TO THE FATHER FOR US)

예수님은 당신 안에 계신다

"당신이 그리스도인이 되었을 때, 예수님은 당신 안에 사시기 위해 오셨다!" 성경은 이렇게 말씀한다. "하나님의 성전과 우상이 어찌 일치가 되리요 우리는 살아 계신 하나님의 성전이라 이와 같이 하나님께서 이르시되 내가 그들 가운데 거하며 두루 행하여 나는 그들의 하나님이 되고 그들은 나의 백성이 되리라." 그리스도께서 오시기 전에, 하나님의 임재가 성전과 언약궤에 있었는데, 우리가 그분과 소통할 수 있는 유일한 방법은 제사장을 통해서였다. 하지만 이제 예수님 때문에 우리는 깨끗이 씻겨져, 살아계신 그리스도의 성령을 우리 안에 모실 순수한 그릇이 되었다! 예수님이 당신 안에 계신다고 말하는 것은 마치 그것을 어떻게 확인할지 아주 분명하지 않은 것처럼, 혼란스럽게 들릴 수 있다. 어떻게 누군가가 다른 사람 안에서 살 수 있을까? 그러나 성경은 우리를 위해 그것을 펼쳐 놓았다. 그것은 예수님이 지금 당신 안에 있는 모든 것을 의미한다. 그분의 정체성, 그분의 사랑, 그분의 평화, 그분의 지혜, 그분의 기쁨, 하나님의 뜻을 이루려는 그분의 열정, 하나님과의 친밀감은 우리가 다시 태어나는 순간 모두 우리 안에 이식되었다. 우리는 이제 예수님이 그렇게 하셨던 것처럼 하나님께 다가갈 수 있고, 하나님은 예수님을 바라보시던 것처럼 우리를 사랑스럽게 그 분의 자녀로서 보신다!

그그렇다면 왜 많은 그리스도인들은 그리스도가 우리 안에 살고 계시다는 어떤 행동 가능한 증거도 없이 삶의 희생자로 돌아다니는 것일까? 왜 하나님의 모든 자녀들이 평화, 기쁨, 명료함, 열정, 그리고 진정한 정체성을 경험하지 못할까? 그것은 당신이 모든 것을 가지고 있지만, 활용하는 방법을 배우지 못했기 때문이다. 그것은 마치 전구 소켓과 같다. 그것은 아직 손대지 않고 보이지 않는 벽 뒤에 전력을 가지고 있다. 그 전력을 사용하려면 당신이 당신의 코드를 소켓에 꽂아야만 한다. 그 전력을 이용하려면 코드를 소켓에 꽂아야 한다. 이것은 우리가 우리의 믿음과 관련시켜야 하는 것이다! 당신이 지쳤을 때, 그리스도의 끝없는 비축된 힘을 사용하라. 여러분이 걱정하거나, 스트레스를 받거나, 피곤할 때, 모든 이해를 초월하는 그분의 평화를 사용하라. 명확성이 필요할 때, 그분의 지혜와 인도하심을 사용하라. 당신이 어떤 상황에 처해 있든지 간에 예수님은 그보다 더 크시다!

성경 요한 1서 4장 4절은 이렇게 말씀한다. "자녀들아 너희는 하나님께 속하였고 또 그들을 이기었나니 이는 너희 안에 계신 이가 세상에 있는 자보다 크심이라." 그는 다가올 수 있는 어떤 폭풍보다도 크시다. 그분은 당신이 직면할 수 있는 어떤 위기보다도 크시다. 그분은 당신에게 닥칠 수 있는 어떤 힘보다도 크시다. 모든 성도들의 영향력 있는 삶을 살게 하는 것은 당신 안에 있는 그리스도의 계시(啓示)다!

Jesus Is in You

When you became a Christian, Jesus came to live in you! The Bible tells us, "For we are the temple of the living God. As God said: 'I will live in them and walk among them. I will be their God, and they will be my people,'" 2 Corinthians 6:16 (NLT). Before Christ came, God's presence was held in temples and the ark of the covenant, and the only way we could communicate with Him was through a priest. But now, because of Jesus, we are washed clean, a pure vessel to house the living Spirit of Christ in us!

To say that Jesus is in you can sound confusing, as though it isn't quite clear what that even looks like. How can someone live in someone else? However, the scriptures lay it out for us. It means that everything that Jesus was, He now is, in you. His identity, His love, His peace, His wisdom, His joy, His passion to fulfill the will of God, and His intimacy with God were all implanted inside us the moment we became born again. We now have access to God as Jesus did, and God looks at us lovingly, as His very own kids, just as He looked at Jesus!

So why then do many Christians walk around as victims in life, void of any action— able evidence that Christ lives within us? Why isn't every child of God experiencing peace, joy, clarity, passion, and a real sense of identity? It's because though you have all of it, you haven't learned how to tap into it. It is like a light socket, it has power behind the wall, un— tapped, unseen. In order to tap into that power, you have to plug your cord into the socket. This is what we have to do with our faith! When you feel wearied, tap into Christ's un— ending reserve of strength. When you feel worried, stressed, or tired, tap into His peace that passes all understanding. When you need clarity, then tap into His wisdom and guid— ance! Whatever situation you are facing, Jesus is greater than it!

The Bible says in 1 John 4:4, "greater is he that is in you, than he that is in the world." He's greater than any storm that could come, He's greater than any crisis you could face, He's greater than any power that could come against you. It's the revelation of Christ in you that allows for the impactful life of every believer!

+ 성경

"또 그리스도께서 너희 안에 계시면 몸은 죄로 말미암아 죽은 것이나 영은 의로 말미암아 살아 있는 것이니라."

- 롬 8:10

"내가 아버지의 이름을 그들에게 알게 하였고 또 알게 하리니 이는 나를 사랑하신 사랑이 그들 안에 있고 나도 그들 안에 있게 하려 함이니이다."

- 요 17:26

"이 비밀은 만세와 만대로부터 감추어졌던 것인데 이제는 그의 성도들에게 나타났고 하나님이 그들로 하여금 이 비밀의 영광이 이방인 가운데 얼마나 풍성한지를 알게 하려 하심이라 이 비밀은 너희 안에 계신 그리스도시니 곧 영광의 소망이니라."

- 골 1:26~27

"자녀들아 너희는 하나님께 속하였고 또 그들을 이기었나니 이는 너희 안에 계신 이가 세상에 있는 자보다 크심이라."

– 요1 4:4

"너희는 믿음 안에 있는가 너희 자신을 시험하고 너희 자신을 확증하라 예수 그리스도께서 너희 안에 계신 줄을 너희가 스스로 알지 못하느냐 그렇지 않으면 너희는 버림받은 자니라."

– 고후 13:5

+ Scriptures

And Christ lives within you, so even though your body will die because of sin, the Spirit gives you life because you have been made right with God.

— ROMANS 8:10 (NLT)

I have revealed to them who you are and I will continue to make you even more real to them, so that they may experience the same endless love that you have for me, for your love will now live in them, even as I live in them!

— JOHN 17:26 (TPT)

There is a divine mystery—a secret surprise that has been concealed from the world for generations, but now it's being revealed, unfolded and manifested for every holy believer to experience. Living within you is the Christ who floods you with the expecta- tion of glory! This mystery of Christ, embedded within us, becomes a heavenly treasure chest of hope filled with the riches of glory for his people, and God wants everyone to know it!

— COLOSSIANS 1:26–27 (TPT)

"Ye are of God, little children, and have overcome them: because greater is he that is in you, than he that is in the world."

— 1 JOHN 4:4

Examine yourselves, to see whether you are in the faith. Test yourselves. Or do you not realize this about yourselves, that Jesus Christ is in you?—unless indeed you fail to meet the test!

— 2 CORINTHIANS 13:5 (ESV)

우리가 우리를 하나님께 넘겨드리면 드릴수록 우리 자신이 더욱 진실하게 된다. 이는 그 분이 우리를 창조하셨기 때문이다. 그분이 우리를 창안하셨다. 그분은 당신과 내가 의도했던 다른 사람들 창안하셨다. 내가 그리스도를 의지할 때, 그리스도의 인격에 내 자신을 내맡길 때, 내가 처음으로 진정한 개성을 갖기 시작하는 것이다.

-씨. 에스. 루이스(C. S. Lewis)

"The more we let God take us over, the more truly our—
selves we become
— because He made us. He invented us. He invented all
the different people that you and I were intended to be. .
. It is when I turn to Christ, when I give up myself to His
person— ality, that I first begin to have a real personality
of my own."

— C .S. LEWIS

"평안을 너희에게 끼치노니 곧 나의 평안을 너희에게 주노라 내가 너희에게 주는 것은 세상이 주는 것과 같지 아니하니라 너희는 마음에 근심하지도 말고 두려워하지도 말라"(요 14:27).

−예수

"I leave the gift of peace with you— my peace. Not the kind of fragile peace given by the world, but my perfect peace. Don't yield to fear or be troubled in your hearts— instead, be courageous!"

– JESUS

예수님은 평화의 왕이시다

성경은 이사야서에서 예수님에 대해 말씀하고 있다. "...그의 이름은 기묘자라, 모사라, 전능하신 하나님이라, 영존하시는 아버지라, 평강의 왕이라 할 것임이라"(사 9:6). 예수님께서 부활하신 후 천국으로 승천하시기 직전에 제자들에게 이렇게 말씀하셨다. "평안을 너희에게 끼치노니 곧 나의 평안을 너희에게 주노라 내가 너희에게 주는 것은 세상이 주는 것과 같지 아니하니라 너희는 마음에 근심하지도 말고 두려워하지도 말라"(요 14:27). 평화의 왕은 우리에게 행복을 주는 복된 평안을 남기셨다. 우리가 예수님을 따른다면, 우리는 평화를 따르고 있는 것이다. 성경은 심지어 평화의 지침서 역할을 말씀한다!

"그리스도의 평강이 너희 마음을 주장하게 하라 너희는 평강을 위하여 한 몸으로 부르심을 받았나니 너희는 또한 감사하는 자가 되라"(골 3:15). 평화는 감정이 아니라, 존재의 상태, 세상의 압박과 근심을 당신이 하나님께 넘겨드렸기 때문에 그것들이 당신에게 도달할 수 없는 존재의 상태이다. 우리의 삶에서 무슨 일이 일어나든 우리가 주님을 믿고 모든 근심을 그분께 쏟아 놓을 때, 주님의 평화가 우리의 마음과 생각을 지켜줄 것이다. 우리는 아무리 불리한 상황에서도 평정을 유지하고 침착할 수 있다. 예수님은 이렇게 말씀하셨다. "이것을 너희에게 이르는 것은 너희로 내 안에서 평안을 누리게 하려 함이라 세상에서는 너희가 환난을 당하나 담대하라 내가 세상을 이기었노라"(요 16:33). 평화는 문제가 없는 것이 아니라, 하나님의 자녀가 하나님을 믿기 때문에 자기만족을 하는 상태인 것이다. 그 말의 의미는 큰 위기의 한가운데서도 바로 평화로 가득 차 있다는 뜻이다. 당신의 기쁨과 마음의 평화는 결코 당신의 처지에 좌우되지 않는다. 당신이 당신을 돌보시고 지탱해 주시도록 하나님을 바라보며 그분을 믿기로 했을 때, 그러면 이 세상의 삶의 도전이 당신을 압도하는 것을 멈출 것이며 그분의 평화가 그분께만 나올 수 있는 평온과 기쁨으로 이끌어 줄 것이다.

Jesus Is the Prince of Peace

The Bible tells us in the book of Isaiah, speaking of Jesus, "and his name shall be called Wonderful, Counselor, Mighty God, Everlasting Father, Prince of Peace." Isaiah 9:6 (AMP). Jesus told His disciples after His resurrection and right before He ascended to heaven, "Peace I leave with you; My own peace I now give and bequeath to you. Not as the world gives do I give to you. Do not let your hearts be troubled, neither let them be afraid. Stop allowing yourselves to be agitated and disturbed; and do not permit yourselves to be fearful and intimidated and cowardly and unsettled." John 14:27 (AMPC).

The Prince of Peace left the blissful serenity that He operated in to us. If we follow Jesus, we are following peace. The Bible even says peace acts as a guide!

"Let the peace of Christ the inner calm of one who walks daily with Him be the control— ling factor in your hearts deciding and settling questions that arise." Colossians 3:15a

(AMP). Peace is not an emotion, it's a state of being, a plane of existence in which the pressures and concerns of the world cannot reach you because you have given them over to God. No matter what's going on in our lives, when we put our trust in the Lord and cast all our cares on Him, His peace will keep our hearts and minds. We can remain calm and collected even in the most adverse circumstances. Jesus told us, "I have told you these things, so that in Me you may have perfect peace. In the world you have tribulation and distress and suffering, but be courageous, be confident, be undaunted, be filled with joy; I have overcome the world. My conquest is accomplished, My victory abiding," John 16:33 (AMP).

Peace is not the absence of problems; it is the state where a child of God is self-assured because of his faith in God. Which means you can be full of peace right in the middle of a major crisis. Your joy and peace of mind are never at the mercy of your circumstances. When you choose to look to God and trust Him to take care of you and sustain you, then the challenges of this life will cease to over— whelm you and His peace will bring you to a state of calmness and joy that can only come from Him.

+ 성경

"이는 한 아기가 우리에게 났고 한 아들을 우리에게 주신 바 되었는데 그의 어깨에는 정사를 메었고 그의 이름은 기묘자라, 모사라, 전능하신 하나님이라, 영존하시는 아버지라, 평강의 왕이라 할 것임이라."

— 사 9:6

"그리스도의 평강이 너희 마음을 주장하게 하라 너희는 평강을 위하여 한 몸으로 부르심을 받았나니 너희는 또한 감사하는 자가 되라."

— 골 3:15

"아무 것도 염려하지 말고 다만 모든 일에 기도와 간구로, 너희 구할 것을 감사함으로 하나님께 아뢰라 그리하면 모든 지각에 뛰어난 하나님의 평강이 그리스도 예수 안에서 너희 마음과 생각을 지키시리라."

— 빌 4:6~7

"주께서 심지가 견고한 자를 평강하고 평강하도록 지키시리니 이는 그가 주를 신뢰함이니이다."

- 사 26:3

"악을 버리고 선을 행하며 화평을 찾아 따를지어다."

- 시 34:14

"여호와께서 자기 백성에게 힘을 주심이여 여호와께서 자기 백성에게 평강의 복을 주시리로다."

- 시 29:11

"주의 법을 사랑하는 자에게는 큰 평안이 있으니 그들에게 장애물이 없으리이다."

- 시 119:165

+ Scriptures

For unto us a child is born, unto us a son is given: and the government shall be upon his shoulder: and his name shall be called Wonderful, Counsellor, The mighty God, The everlasting Father, The Prince of Peace.

— ISAIAH 9:6

Let the peace of Christ the inner calm of one who walks daily with Him be the control— ling factor in your hearts deciding and settling questions that arise. To this peace indeed you were called as members in one body of believers. And be thankful to God always.

— COLOSSIANS 3:15 (AMP)

Do not be anxious or worried about anything, but in everything every circumstance and situation by prayer and petition with thanksgiving, continue to make your specific requests known to God. And the peace of God that peace which reassures the heart, that peace which transcends all understanding, that peace which stands guard over your hearts and your minds in Christ Jesus is yours.

— PHILIPPIANS 4:6~7 (AMP)

Thou wilt keep him in perfect peace, whose mind is stayed on thee: because he trusteth in thee.

— ISAIAH 26:3

Depart from evil, and do good; seek peace, and pursue it.

— PSALM 34:14

The Lord will give strength unto his people; the Lord will bless his people with peace.

— PSALM 29:11

Those who love your instructions have great peace and do not stumble.

— PSALM 119:165 (NLT)

건초 속에서 잠들어 계시는 아기께 감사하라. 우리에게 첫 크리스마스를 주신 분은 예수님이시다.

변장하신 왕이신 하나님께서 그분을 사람들에게 보내시고, 우리의 마음에 드러내셨고, 또 오신다.

우리 땅뿐만 아니라 은하계의 주님, 은하계의 찬송이 그분의 탄생을 축하한다. 그분은 우리에게 그분의 영을 주시고, 그분의 왕국은 안에 있다. 그분의 평화는 그분을 믿음으로써 우리의 것이 될 수 있다. 그분의 진리는 어린 영혼들에게 불을 붙이는 불꽃이다. 그분은 종소리가 울리는 사람들에게 위로가 된다. 그분은 훼손되거나 희미해진 형상을 회복하신다. 그분은 그분을 사랑하는 사람들에게 끊임없이 경이로움을 주신다.

건초에서 잠들어 있는 아기께 감사하여라. 이는 우리의 첫 번째 크리스마스 날을 주신 분은 예수님이기 때문이다.

그분은 훼손되거나 희미해진 이미지를 복원하시고 그분은 그분을 사랑하는 사람들에게 끊임없이 경이로우시다.

- 라벤 라일리 오브라이언(Laverne Riley O'brien)

Give thanks to the baby asleep in the hay, For it's Jesus

Who gave us our first

Christmas Day.

A king in disguise, God sent Him to men, Revealed to our

hearts, He comes again.

Lord of the galaxies as well as our earth,

A hymn of the Universe celebrates His birth. He gives us

His Spirit, His kingdom's within, His peace can be ours by

believing in Him.

His truth is a flame that ignites young souls, He is com—

fort to men for whom the bell tolls,

He restores an image both marred and grown dim,

He's a constant wonder to those who love Him.

— LAVERNE RILEY O'BRIEN

"네 마음을 다하고 목숨을 다하고 뜻을 다하여 주 너의 하나님을 사랑하라 이것이 크고 첫째 되는 계명이요 둘째도 그와 같으니 네 이웃을 네 자신같이 사랑하라"(마 22:37~39).

—예수

"Love the Lord your God with all your heart and with all your soul and with all your mind. This is the first and greatest commandment. And the second is like it: Love your neighbor as yourself."

— JESUS

예수님은 우리의 이웃이시다

당신은 예수님이 당신의 이웃이라는 것을 알고 있는가? 당신은 말씀을 제대로 이해하고 읽으라. 당신이 당신의 동료에게 친절할 때, 예수님이 그것을 개인적으로 받아들이신다. 당신 자신을 위하여 다음 말씀을 읽으라.

"내가 주릴 때에 너희가 먹을 것을 주었고 목마를 때에 마시게 하였고 나그네 되었을 때에 영접하였고 헐벗었을 때에 옷을 입혔고 병들었을 때에 돌보았고 옥에 갇혔을 때에 와서 보았느니라 이에 의인들이 대답하여 이르되 주여 우리가 어느 때에 주께서 주리신 것을 보고 음식을 대접하였으며 목마르신 것을 보고 마시게 하였나이까 어느 때에 나그네 되신 것을 보고 영접하였으며 헐벗으신 것을 보고 옷 입혔나이까 어느 때에 병드신 것이나 옥에 갇히신 것을 보고 가서 뵈었나이까 하리니 임금이 대답하여 이르시되 내가 진실로 너희에게 이르노니 너희가 여기 내 형제 중에 지극히 작은 자 하나에게 한 것이 곧 내게 한 것이니라."

– 마 25:35~40

그리스도인으로서 타인과의 상호작용은 우리 안에 있는 하나님의 사랑을 대표하는 것이어야 한다. 모든 그리스도인들이 예수님과 같이 이웃을 대하기 시작했다고 상상해 보라. 예수님이 마태복음에서 이렇게 말씀하셨을 때, 제자들에게 바로 이와 같은 방향을 주셨다. "이방인의 길로도 가지 말고 사마리아인의 고을에도 들어가지 말고 오히려 이스라엘 집의 잃어버린 양에게로 가라"(마 10:5~6).

우리가 조심하지 않으면, 우리는 우리 자신의 삶에 너무 얽매여 이기적인 생활방식을 발전시킬 수 있다. 동정어린 경청, 미소, 또는 친절한 말의 한 작은 행동이 누군가의 삶에 강력한 영향을 미칠 수 있다. 그것은 그리스도의 사랑이 당신을 통해 비추도록 문을 열 수 있다. 당신이 예수님을 사랑하고 그분이 해 주신 모든 것을 감사하고 "그 대가로 내가 그분을 위해 할 수 있는 일이 있었으면 좋겠다."고 생각한다면, 그분이 구원하시기 위해 죽으셨던 자들에게 친절을 베풀고, 존경과 존엄과 명예와 사랑으로 그들을 대하며, 도움의 손길을 주고, 당신보다 불행한 자들에게 손을 내밀라. 아무리 사소한 관대함이라도 큰 차이를 만들 수 있다. 당신이 당신의 이웃을 축복할 때 당신은 예수님을 공경하는 것이다!

Jesus Is Your Neighbor

Did you know that Jesus is your neighbor? You read it right, Jesus takes it personally when you are kind to your fellow man. Read it for yourself:

"'For I was hungry, and you gave Me something to eat; I was thirsty, and you gave Me something to drink; I was a stranger, and you invited Me in; I was naked, and you clothed Me; I was sick, and you visited Me with help and ministering care; I was in prison, and you came to Me ignoring personal danger.' Then the righteous will answer Him, 'Lord, when did we see You hungry, and feed You, or thirsty, and give You something to drink? And when did we see You as a stranger, and invite You in, or naked, and clothe You? And when did we see You sick, or in prison, and come to You?' The King will answer and say to them, 'I assure you and most solemnly say to you, to the extent that you did it for one of these brothers of Mine, even the least of them, you did it for Me.'"

— MATTHEW 25:35~40 (AMP)

As a Christian, our interactions with others should be representative of the love of God in us. Imagine if every Christian began treating their neighbors as they would Jesus. Jesus gave His disciples this very same direc- tion in Matthew when He said: "Don't begin by traveling to some far-off place to convert unbelievers. And don't try to be dramatic by tackling some public enemy. Go to the lost, confused people right here in the neighbor- hood." (Matthew 10:5-6 MSG)

If we are not careful, we can get so wrapped up in our own lives that we develop a selfish lifestyle. One small act of kind- ness—a sympathetic ear, a smile, or a kind word—can have a powerful impact on someone's life. It can open the door for Christ's love to shine through you. If you love Jesus, and you appreciate all that He's done for you, and you think to yourself, "I wish there was something that I could do for Him in return," show kindness towards those who He died to save, treat them with respect, dignity, honor, and love, lend a helping hand, reach out to those less fortunate than you. Even the smallest amount of generosity can make a big difference. When you bless your neighbor, you are blessing Jesus!

+ 성경

"또 누구든지 제자의 이름으로 이 작은 자 중 하나에게 냉수 한 그릇이라도 주는 자는 내가 진실로 너희에게 이르노니 그 사람이 결단코 상을 잃지 아니하리라."

– 마 10:42

"너희가 서로 사랑하면 이로써 모든 사람이 너희가 내 제자인 줄 알리라."

– 요 13:35

"서로 친절하게 하며 불쌍히 여기며 서로 용서하기를 하나님이 그리스도 안에서 너희를 용서하심과 같이 하라."

– 엡 4:32

"형제를 사랑하여 서로 우애하고 존경하기를 서로 먼저 하라."

– 롬 12:10

"그러므로 무엇이든지 남에게 대접을 받고자 하는 대로 너희도 남을 대접하라 이것이 율법이요 선지자니라."

– 마 7:12

"남에게 대접을 받고자 하는 대로 너희도 남을 대접하라."

– 눅 6:31

"온 율법은 네 이웃 사랑하기를 네 자신 같이 하라 하신 한 말씀에서 이루어졌나니라."

– 갈 5:14

"내 계명은 곧 내가 너희를 사랑한 것 같이 너희도 서로 사랑하라 하는 이것이니라."

– 요 15:12

+ Scriptures

And whoever gives to one of these little ones [in rank or influence] even a cup of cold water because he is My disciple, surely I declare to you, he shall not lose his reward.

— MATTHEW 10:42 (AMPC)

By this everyone will know that you are My disciples, if you have love and unselfish concern for one another.

— JOHN 13:35 (AMP)

And be ye kind one to another, tender- hearted, forgiving one another, even as God for Christ's sake hath forgiven you.

— EPHESIANS 4:32

Be kindly affectioned one to another with brotherly love;
in honour preferring one another.

— ROMANS 12:10

So in everything, do to others what you would have them
do to you, for this sums up the Law and the Prophets.

— MATTHEW 7:12 (NIV)

Do to others as you would have them do to you.

— LUKE 6:31 (NIV)

For all the law is fulfilled in one word, even in this; Thou
shalt love thy neighbour as thyself.

— GALATIANS 5:14

This is my commandment, That ye love one another, as I
have loved you.

— JOHN 15:12

주여! 나를 당신의 평화의 도구로 삼아 주소서.

증오가 있는 곳에는 사랑을 심고,

상처가 있는 곳에는 용서를 심고,

의심이 있는 곳에는 믿음을 심고,

절망이 있는 곳에는 희망을 심고,

어둠이 있는 곳에는 빛을 심고,

슬픔이 있는 곳에는 기쁨을 심게 하소서.

오, 주여! 위로를 받으려고 하기보다는 위로하고,

사랑을 받으려고 하기보다는 사랑하게 하소서.

이는 우리가 받는 것은 주는 것이며

우리가 용서받는 것은 우리가 용서하는 것이며

우리가 다시 영생으로 태어나는 것은

죽는 것이기 때문이나이다.

— 아시시의 성 프란치스(St Francis of Assisi)

Lord, make me an instrument of your peace: where there is hatred, let me sow love; where there is injury, pardon;
where there is doubt, faith; where there is despair, hope; where there is darkness, light; where there is sadness, joy.
O divine Master, grant that I may not so much seek to be consoled as to console, to be understood as to understand, to be loved as to love.
For it is in giving that we receive,
it is in pardoning that we are pardoned, and it is in dying that we are born to eternal life.
Amen.

— PRAYER OF ST FRANCIS OF ASSISI

"예수께서 이르시되 나는 부활이요 생명이니 나를 믿는 자는 죽어
도 살 것이다"(요 11:25).

-예수

"I am the resurrection, and the life: he that believes in me, though he were dead, yet shall he live."

— JESUS

예수님은 우리의 구세주이시다

누군가는 대가를 치러야 한다. 이 한 가지 개념, 정의가 실현되어야 한다는 외침은 얼마나 원시적인지에 상관없이 모든 사회가 어떤 형태의 사법 제도를 가지고 있는 이유다. 정의의 필요성은 왜 우리가 비탄에 잠긴 사람들이 누군가를 비난할 사람을 찾는지를 보는 것이고, 마치 그들의 고통이 그들의 잘못에 대해 속죄할 것처럼, 왜 다른 사람들은 과거의 잘못에 대해 헤아릴 수 없는 죄책감과 수치심을 지니고 있는지를 보는 것이다.

우리의 행동이 결과를 가져오는 것은 사실이다. 우리 모두는 마땅히 비참한 삶을 살만하다. 잘못을 만회하려고 아무리 노력해도 우리의 과거의 죄를 청산하고 새 출발할 수 없을 것이다. 사실은, 누군가는 진정으로 당신과 내가 저지른 모든 죄악과 이기적인 행동에 대한 대가를 치러야 한다는 것이다. 의(義)는 지켜져야 하고, 예수님이 죽음을 통해 의(義)의 요구를 채우셨고, 누군가가 치러야 할 대가를 치르셨다. 아담이라는 한 사람이 하나님을 거역하고 금지된 열매를 먹었을 때 죄와 고통을 세상에 가져다 주었다. 그래서 하나님은 우리를 고통과 고난으로 운명지어진 삶으로부터 구원하시기 위한 계획을 세우셨다. 하나님은 모든 면에서 완벽하고, 우리처럼 유혹을 받지만 변함없이 충성하실 분, 자신을 우리의 대체자로 바칠 누군가가 필요하셨다. 그 죄 없고 완벽하고 사랑스런 분은 예수님이셨다. 그분은 우리의 죄에 대한 수치심과 죄책감, 치욕을 당하기로 선택된 희생양이 되셨다. 그분은 모든 인류의 죄에 대한 하나님의 심판을 받으셨다. 그분은 세상에 형벌을 주러 오신 것이 아니라 세상의 형벌을 받으려고 오신 것이다. 모든 죄를 없애기 위해 우리가 해야 할 일은 예수님을 우리를 대신하는 분으로 우리의 구세주로 받아들이는 것이다.

성경은 이렇게 말씀한다.

"네가 만일 네 입으로 예수를 주로 시인하며 또 하나님께서 그를 죽은 자 가운데서 살리신 것을 네 마음에 믿으면 구원을 받으리라 사람이 마음으로 믿어 의에 이르고 입으로 시인하여 구원에 이르느니라."
– 롬 10:9~11

얼마나 기쁜 소식인가?! 모든 압박이 떠났다. 당신이 당신의 죄를 속죄하거나 완벽한 삶을 살려고 노력함으로써 구원을 얻으려고 하지 말라. 아무리 선한 일을 많이 하고 참회를 해도 당신의 죄를 속죄할 수 없다. 죗값은 예수 그리스도의 피로 사서 치러졌고, 구원은 당신에게 주어진 하나님의 선물이다. 그분은 진정한 구세주이시다!

Jesus Is Our Savior

Someone must pay. This one notion—a cry for justice to be served—is why every society, regardless how primitive, has some form of judicial system. The need for justice is why we see grieving people looking for somebody to blame, and why others carry immeasurable guilt and shame for past mistakes—as though their suffering will atone for their misdeeds.

It is a fact that our actions have conse— quences. We all deserve a miserable exis— tence and no amount of trying to make up for our mistakes could ever come close to wiping our slates clean. The truth is, some— body truly must pay for all the sin and selfish acts that you and I have committed. Justice must be served, and through Jesus' death, justice was served, and somebody did pay.

One person, Adam, brought sin and suffering into the world when he disobeyed God and ate the forbidden fruit. So God devised a plan to save us from a life fated for pain and suffering. He would need someone who was perfect in every way, to be tempted just as we are and yet remain faithful, to offer up Himself as our substitute. That sinless, perfect, loving person was Jesus. He became that sacrifice, the one chosen to suffer the shame, guilt, and reproach for our sins. To receive the judgment of God for the sins of all humanity. He did not come to punish the world, but to be punished for the world. All we have to do to receive the removal of all our sin, is to accept Jesus as our substitute, our Savior.

The Bible tells us:

"If you openly declare that Jesus is Lord and believe in your heart that God raised him from the dead, you will be saved. For it is by believing in your heart that you are made right with God, and it is by openly declaring your faith that you are saved. As the Scriptures tell us, 'Anyone who trusts in him will never be disgraced.'"

— ROMANS 10:9–11 (NLT)

Isn't that good news?! All of the pressure is off. You don't have to earn your salvation by trying to atone for your sins or by trying to live a perfect life. No amount of good works or penitence can atone for your sins. It is God's gift to you, bought and paid for by the blood of Jesus Christ. He truly is the Savior!

+ 성경

"이를 위하여 우리가 수고하고 힘쓰는 것은 우리 소망을 살아 계신 하나님께 둠이니 곧 모든 사람 특히 믿는 자들의 구주시라."

— 딤전 4:10

"너희가 나무에 달아 죽인 예수를 우리 조상의 하나님이 살리시고 이스라엘에게 회개함과 죄 사함을 주시려고 그를 오른손으로 높이사 임금과 구주로 삼으셨느니라."

— 행 5:30-31

"이제는 우리 구주 그리스도 예수의 나타나심으로 말미암아 나타났으니 그는 사망을 폐하시고 복음으로써 생명과 썩지 아니할 것을 드러내신지라."

— 딤후 1:10

"우리가 알거니와 우리의 옛 사람이 예수와 함께 십자가에 못 박힌 것은 죄의 몸이 죽어 다시는 우리가 죄에게 종 노릇 하지 아니하려 함이니 이는 죽은 자가 죄에서 벗어나 의롭다 하심을 얻었음이라 만일 우리가 그리스도와 함께 죽었으면 또한 그와 함께 살 줄을 믿노니 이는 그리스도께서 죽은 자 가운데서 살아나셨으매 다시 죽지 아니하시고 사망이 다시 그를 주장하지 못할 줄을 앎이로라 그가 죽으심은 죄에 대하여 단번에 죽으심이요 그가 살아 계심은 하나님께 대하여 살아 계심이니 이와 같이 너희도 너희 자신을 죄에 대하여는 죽은 자요 그리스도 예수 안에서 하나님께 대하여는 살아 있는 자로 여길지어다."

－롬 6:6~11

+ Scriptures

It is for this that we labor and strive often called to account, because we have fixed our confident hope on the living God, who is the Savior of all people, especially of those who believe in Him, recognize Him as the Son of God, and accept Him as Savior and Lord.

— 1 TIMOTHY 4:10 (AMP)

You had Jesus arrested and killed by cruci— fixion, but the God of our forefathers has raised him up. He's the one God has exalted and seated at his right hand as our Savior and Champion. He is the provider of grace as the Redeemer of Israel.

—ACTS 5:30−31 (TPT)

But is now made manifest by the appearing of our Sav-
iour Jesus Christ, who hath abol— ished death, and hath
brought life and immor— tality to light through the gospel.

—2 TIMOTHY 1:10

Could it be any clearer? Our old way of life was nailed
to the cross with Christ, a decisive end to that sin—miser-
able life—no longer at sin's every beck and call! What we
believe is this: If we get included in Christ's sin— conquer-
ing death, we also get included in his life—saving resurrec-
tion. We know that when Jesus was raised from the dead it
was a signal of the end of death—as—the—end. Never again
will death have the last word. When Jesus died, he took
sin down with him, but alive he brings God down to us.
From now on, think of it this way: Sin speaks a dead lan-
guage that means nothing to you; God speaks your mother
tongue, and you hang on every word. You are dead to sin
and alive to God. That's what Jesus did.

– ROMANS 6:6~11 (MSG)

당신이 지금 당장 예수님을 구원자로 영접하고 싶다면, 당신은 당신의 마음에서 우러나오는 기도를 크게 함으로써 그렇게 할 수 있다. "아버지여! 나는 죄를 지었고 당신의 영광에 미치지 못하였나이다. 나는 많은 죄를 저질렀고, 내가 저지른 모든 죄를 보상할 수 있는 일은 아무것도 없다는 것을 알고 있나이다. 그러나 나는 예수님이 나를 대신하셔서 내가 지은 모든 죄를 십자가 위에서 자기 자신에게 뒤집어 씌우시고, 그 대가를 그분의 죽으심과 부활하심으로 다 갚으셨다는 것을 알고 있나이다. 나는 그분이 죽은 사람 가운데서 살아나셨고 당신의 우편에 앉으셔서 나를 위해 중보하고 계신다는 것을 믿나이다. 예수님! 나는 당신이 나를 사랑하신다는 것을 알고 있나이다. 나는 당신이 나를 위해서 모든 일을 겪으신 것에 대해서 감사하나이다. 나는 내 모든 죄를 용서하시고 내 마음속에 들어오시기를 요청하나이다. 나는 이제 예수님이 나의 주님과 구원자이심을 선포하나이다. 나를 구원해 주셔서 감사하나이다. 아멘.

당신이 처음으로 이 기도를 했거나, 진정한 왕께 당신의 삶을 다시 맡겼다면, 축하하며, 가족으로 환영한다!

If you would like to accept Jesus as your Savior right now, you can do that by praying this out loud, from your heart: "Father, I have sinned and fallen short of your glory. I've made many mistakes, and I know that nothing I do could ever make up for all the sins I've committed. But, I do know that Jesus, acting as my substitute, took all my sin upon Himself on the cross and paid the price for it in full with His death and resurrection. I believe He was raised from the dead and sits right next to you, at your right hand making intercession for me. Jesus, I know you love me. I thank you for going through all that you did for my sake. I ask you to forgive me of all my sins and come into my heart. I now declare Jesus is my Lord and Savior. Thank you, for saving me. Amen.

If you have prayed this prayer for the first time, or to re-commit your life to the one true King, congratulations, and welcome to the family!

지은이에 관하여

　30년 이상 기독교 출판에 참여한 키이스 프로방스(Keith Pro-vance)는 성경적으로 삶을 변화시키는 서적의 출판 및 전 세계 배포를 전담하는 회사인 성령과 말씀 출판사의 설립자이자 사장이다. 그는 또한 국가 및 국제 사역의 출판 컨설턴트로 일한다. 키이스(Keith)는 그의 아내와 그의 아들 제이크(Jake)와 함께 계속해서 글을 쓴다. 그와 그의 아내 메건(Megan)은 총 2백만 부 이상의 판매고를 가진 다수의 베스트 셀러를 저술했다. 그들은 오클라호마(Oklahoma)주 툴사(Tulsa)에 살고 있으며 세 아들 라이언(ryan), 개럿(Garrett) 그리고 제이크(Jake)의 부모이다.

　Keith@WordAndSpititPublishing.com으로 키이스(keith)에게 연락 할 수 있다.

　제이크 프로방스(Jake Provance)는 열성적인 독서가이자 야심찬 젊은 작가로 다섯 권의 책을 썼고 몇 권을 더 쓸 계획이다. 제이크(Jake)의 첫 번째 책인 "잠잠히 하나님만 믿으라"는 50만 부 이상이 팔렸다. 그는 오클라호마(Oklahoma)주 툴사(Tulsa)에 있는 도마

타(Domata) 성경학교를 졸업했다. 그는 특히 젊은이 사역에 열정을 가지고 있으며 목회 조언 사역에 소명이 있다. 제이크(Jake)와 그의 아내 레아(Leah)는 오클라호마(Oklahoma)주 툴사(Tulsa)에 산다.

제이크(Jake)의 블로그를 Life-Speak.com에서 확인하라. 제이크(Jake)에게 연락해도 좋다

Jake@WordAndSpititPublishing.com으로 제이크(Jake)에게 연락할 수 있다.

About the Authors

Keith Provance, involved in Christian publishing for more than 40 years, is the founder and president of Word and Spirit Publishing, a company dedicated to the publishing and world— wide distribution of scriptural, life—changing books. He also works as a publishing consultant to national and international ministries. Keith continues to write with his wife and with his son Jake. He and his wife, Megan, have authored a number of bestselling books with total sales of over 2 million copies. They reside in Tulsa, Oklahoma and are the parents of three sons, Ryan, Garrett, and Jake.

You may contact Keith at

Keith@WordAndSpiritPublishing.com

Jake Provance is a successful young writer, who has written seven books and has plans to write several more.

Jake's first book, Keep Calm & Trust God, has sold more than 600,000 copies. Jake is a graduate of Domata Bible School in Tulsa, OK, and has a call on his life to work in pastoral care ministry, with a particular passion to minister to young adults. Jake and his wife, Leah, live in Tulsa, OK.

You may contact Jake at

Jake@WordAndSpiritPublishing.com